ゴルフ

誰でも280ヤード! 最大効率サイコースイング

「DaichiゴルフTV」レッスンプロ

菅原大地 著
Daichi Sugawara

池田書店

はじめに

皆さん、初めまして。レッスンプロの菅原大地です。

ドライバーの飛距離は、ゴルファーにとって自分のパワーを示す〝シンボル〟ともいえるものです。ただ、飛距離が落ちてくると、力がなくなってきたからとか、50代になったからとか、腕力の低下や加齢のせいにしがちです。

もちろん、腕力があることや若さも飛距離に影響はありますが、一番大きな原因は、ほとんどのアマチュアゴルファーが、足の力が使えていない！ということなのです。

私たちにとって、歩いたり、走ったりすることは当たり前のことです。ところが、逆立ちだとほんのわずかな時間で腕がパンパンになって、ギブアップしてしまいますよね。

つまり、それほど足の力と腕の力には大きなパワーの差があるのです。そして、ほとんどのアマチュアゴルファーが、この大きなパワーを秘めた足の力が使えていないために、本来自分の力で出せるはずのドライバーの飛距離にまったく届いていないのです。

私は、身長170㎝、体重62㎏とプロとしては小柄で、腕相撲では女性に負けた覚えもあるほど腕力や握力が弱いのですが、ドライバーの平均飛距離は300ヤードを超えます。

なぜでしょうか？

それは、飛距離の約9割を生み出す足の持つ大きい力を最大効率でクラブに伝えること、私はこれをサイコー（最大効率）スイングと呼んでいますが、このスイングを身につけたからなのです。

私は多くのゴルファーにレッスンを行うとき、同時にレッスン内容を自分の身体の動きに置き換えて、メカニズムを分析しました。そうすることで、自分が300ヤードも飛ばせるのはどうしてなのかということを解明していったのです。

この本では、そんな私のサイコースイングのメカニズムのひとつひとつを解説し、わかりやすいように動きを詳しく分解、そして効率よく身につけるための数々の練習ドリルを用意してあります。このドリルを実践すると、今までほとんど足の力を使っていなかったことを実感するとともに、足を使うスイングとはどういうものかがわかってくるはずです。

もし本当にドライバーの飛距離を伸ばしたいと思うなら、今までのスイングは一旦、忘れましょう。初心に戻り、一からこのサイコースイングを学んでください。

そして心地よい青空のもと、ドライバーで放ったティーショットが青い空に吸い込まれていくような、生涯初めての「ぶっ飛び！」を実現させましょう！

レッスンプロ　菅原大地

目次

第4章 サイコー（最大効率）スイングでゴルファーの悩み解消Q&A

最大効率 サイコースイングのメカニズム

小さな力で遠くに飛ばすための、下半身主導による身体の動きのメカニズムを徹底分析！

YouTube「Daichiゴルフ TV」解説動画

P15 **「身体のひねりと戻し」**

トップを作ってから左に体重が乗る動きでは遅い。上半身がトップを迎える前に下半身は左に回転し始める動きを解説。

P20 **「下半身を使えるアドレスとグリップ」**

ただ立って構えるのではなく、足の力をどういう風に使えば、アドレスで身体の中心に軸ができるのかというメカニズムを解説。

P25 **「インサイドアウトのスイング軌道」**

スライスに悩む多くのアマチュアはアウトサイドインのスイング軌道なので、インサイドアウトのスイング軌道に直す方法を解説。

P35 **「下半身を使った移動と回転」**

身体の左右の体重移動、足裏の重心移動による回転運動、身体の上下の重心移動といった下半身を使った運動を解説。

小さな力で遠くに飛ばす「サイコースイング(最大効率)」とは

身体が小さく筋力がなくても300ヤード飛ばせるスイング

私がゴルフを始めたのは19歳のときです。

小さいころからスポーツは好きで、小学生時代は少年野球、中学時代は陸上部で棒高跳び、高校時代はバレーボールで汗を流していました。

でも体格的には身長が170cm、体重62kgですから、スポーツをやっている人たちと比べると、ひと回りもふた回りも小さい。ですから、体格で劣る分、**どういう身体の使い方をすれば自分のパワーを最大限に発揮できるのか**ということをいつも考えていました。

ゴルフに対する取り組み方も同じでした。

活躍しているプロゴルファーの多くは小さいときからゴルフに親しんでいるので、感覚が研ぎ澄まされていて、身体が勝手に動く。つまり理論というより、状況に応じて身体が反応してしまうのです。

サイコースイングで300
ヤードを飛ばそう！

ところがアマチュアゴルファーの場合はそうはいきません。
いざボールを目の前にすると、打つ！という意識が強く働いて反射的に力んでしまう。特に**ドライバーを持つと「飛ばす」ことをさらに意識してしまいますから、上半身に力が入り、腕の力で打っている人がほとんどなので、結果飛ばない**のです。

私がゴルフレッスンを始めた当初は、初心者だけをレッスン対象にしていましたので、まずボールを打つ前に、ゴルフとはどういう身体の使い方をすればボールに最大のパワーを伝えられるのかということを重視しました。

つまり、身体が小さく筋力がない私自身が300ヤード飛ばせるようになった過程をひとつひとつ分解して、下半身や上半身の動き、筋肉や関節の使い方、体重移動や重心移動などについて、どのような動きが最大効率を生み出しているのかということを自分でも体感しながら体現していったのです。

こうして、小さな力で遠くに飛ばす「サイコー（最大効率）スイング」は誕生しました。

そして、その動きのひとつひとつをレッスンで教えることで、初心者やアマチュアにとってはわかりやすく、私にとっても理論と実践が合致することで技術が向上するという相乗効果が生まれたのです。

必要なのは腕力ではない

飛距離に関係する「飛びの三大要素」といわれるものがあります。①ボールの初速、②ボールの打ち出し角、③ボールのスピン量です。①はインパクト時のボールの速度、②はインパクト時のボールの飛び出す方向と地面との角度で、角度が大きいと高弾道、低いと低弾道になります。③は弾道の高さや、球の伸びに影響を及ぼします。

①については速ければ速いほど飛距離に比例し、②③については角度の大小、スピン量の多少についての適正値があります。サイコースイングでは、このすべての要素を最大効率でかなえることを目指すのですが、中でも腕力を使いたくなるのが、①ボールの初速です。これは皆さんもご存じのヘッドスピードにも関係するもので、ヘッドスピードが速いほど、またインパクトでのミート率が高いほどボールの初速も速くなります。

私は現在ヘッドスピードが最大50m／sで、一般的にはこのスピードを6倍したものが最大飛距離といわれており、私の場合は300ヤードになります。

しかしいくら①の数値が速くても、ミート率や②③の数値が適正値を外れれば、ボールは最大飛距離には及びません。つまり、**飛ばすために必要なのは腕力ではなく、ボールに伝わる力を最大効率に高めるスイング**なのです。

まとめ

身体全体の動き、使い方を知ることが最大飛距離を生む

腕力を使わないサイコースイング

「飛びの三大要素」を使って大きな飛距離を獲得するには、腕力に頼った力任せのスイングでは限界がある。腕力に頼らず、ボールに伝わるパワーを最大に高める効率のいいスイングを身につけることこそ必要だ。

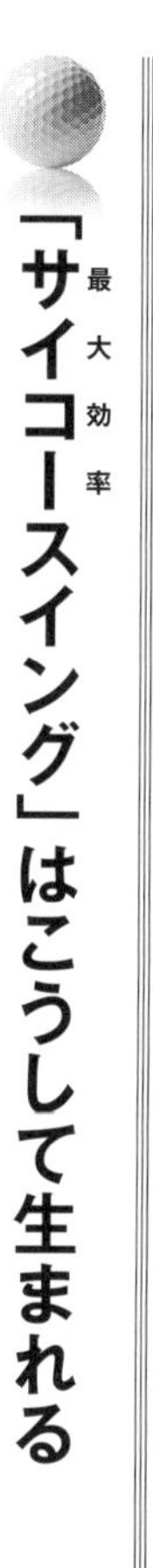

「サイコー（最大効率）スイング」はこうして生まれる

身体のひねりと戻し

人体で一番パワーがある部分、最大限の力を出せる部分は、普段皆さんが歩いたり立ったりしている状態で全体重を支えている下半身、つまり足の筋肉です。

最初にもいいましたが、逆立ちして腕の筋肉だけで支えようと頑張っても、ほとんどの方は数秒で音を上げてしまうはずです。

サイコースイングで一番大切なのは、その最大の力を発揮する足の筋肉、主に**太腿裏の筋肉であるハムストリングと、お尻の筋肉をどうやって使うのか**ということです。

そこをうまく使うことが、身体全体を効率よく動かすことにつながってきます。

スイングは下半身の動きと上半身の動きの捻転差、この捻（ね）じれによって大きな力が生まれます。もし下半身と上半身が同じように動けば、単純に身体が流れるだけの、いわゆるドアスイングといわれる動きになってしまいパワーが生まれません。また下半身の動きを止める力が強すぎると捻じる動きができなくなって、手だけで合わせる手打ちスイングになってしまいます。

そこで、テイクバックでしなければいけない動きが、左肩が右側に移動して上半身が右に捻じられるとき、下半身でできるだけ引っ張られないように抵抗するのです。

この抵抗を生み出し、力をグッと蓄えるのが、右太腿裏のハムストリングと右お尻の筋肉になります（左図）。その際、ハムストリングとお尻の筋肉が引っ張られて、苦しいと思えるほどの強烈な張りを感じていることが重要なポイントです。この張りが十分に感じられないときは、足の筋肉が使えていなくて身体全体が伸びあがっているスイングになっている証拠ですので注意してください。

そして、グッと蓄えたこの足の力こそが、**「左に切り返すための力」**になるのです。

つまり身体が右に動こうとした時点で、すでに下半身には左に戻そうとする力が働くことで、切り返しで最大の捻じれが生まれ、自分の持っている最大のパワーが発揮できるということになります。

アマチュアゴルファーのほとんどの方は、この下半身の動きができていませんので、第3章に紹介するドリルでぜひ練習してみてください。

上下の捻転差がパワーを生む

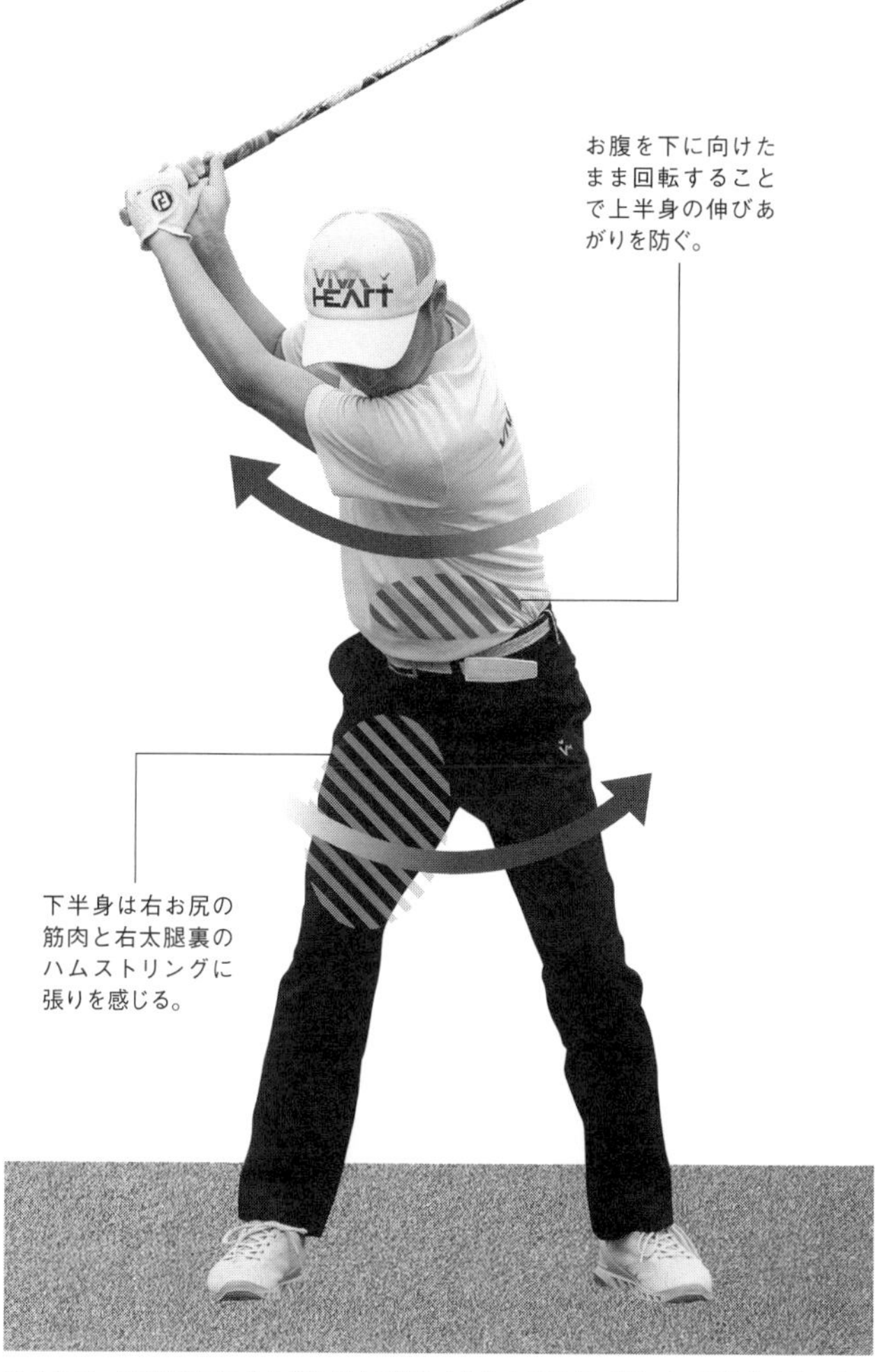

テイクバックでは左肩から上半身が右回転しようとする動きに対して、下半身はその力に抵抗することで捻転差が生まれ力が蓄えられる。

力の伝動

ボールを打つのはヘッドですから、サイコースイングの最終目標は、インパクトの瞬間に自分の持つ最大限のパワーを、ヘッドに最大効率で伝えることです。

そのためには、足が持つ大きな力をヘッドに効率よく伝動させなくてはいけません。

まず、体の動かし方を理解しましょう。身体自体の動きを速くする必要はまったくありません。身体を正しく動かせば、身体はゆっくり動かしているのに、最終的にクラブヘッドだけが速く動くのです。

つまり、**❶足から、❷体幹、❸肩、❹腕、❺手首、❻シャフト、❼ヘッドと順番に力を伝えて動かしていく**意識を持ちましょう（左図）。このメカニズムを理解すると、足や体幹の動きはゆっくりと小さくても、各部位は大きな動きに変わります。そのことが非力でも最大効率によって速いヘッドスピードと、大きな飛距離を生むことにつながるのです。

もし、「身体を速く動かす＝遠くに飛ばせる」と思ってしまうと、それは力みにつながりますから大きな飛距離は望めません。

まずは、身体をゆっくり動かすことから始めましょう。

まとめ

スイングはハムストリングとお尻の筋肉のパワーが主力

下半身からの力の伝動イメージ

身体をゆっくり動かすと、足からの力が体幹、肩、腕、手首、シャフト、ヘッドへと伝わるのがわかりやすいので身体に一体感が生まれる。

遠くに飛ばす2つの要素

レッスンでも口を酸っぱくしていっているのですが、サイコースイングの基本は下半身を使えるアドレスとグリップにあります。

下半身を使えるアドレスとグリップ

この下半身を使えるアドレスが飛ばしのパワーの源なのです。

まず下半身を、足の裏と、太腿に分けて見てみましょう。

皆さんはスタンスをとったとき、足の裏でどういうことを感じていますか。大地を足の裏でギュッとつかむようにという教えもありますが、私は**足の裏から根っこを生やすようなイメージで、下に向かって力をかけるように**レッスンしています。

言い換えれば、地面にテントをピンと張るような感じです。

このとき重心は左右とも母指球と親指のつけ根の間あたりにありますが（P23上図）、**力が足の裏の外に向かってかかってくるので、その反力で太腿や太腿裏のハムストリング**

テントを地面にピンと張るようなアドレス

アドレスのときのスタンスは、両足の外側にテントを地面にピンと張るように力をかける。すると地面からの反力で、太腿や太腿裏のハムストリングに内側に向かって力がかかる。このように下半身が安定した状態で正しい前傾姿勢をとると身体の中心に軸ができる。

には内側に向かって力がかかります。少し内股になるようなイメージです。

このとき、骨盤をしっかりと倒す正しい前傾姿勢をとっていると、太腿やハムストリングにも内側に向かっての張りや、身体の中心に向かっての力がはっきりと感じられます。**これが「軸ができる」という状態です**（Ｐ21写真）。

この状態で、今度はグリップを作ります（Ｐ23写真）。あとでドリルでも詳しく説明しますが、グリップは**手とクラブとの一体感が生まれる**ようにすることが大切です。足を動かしたときに、手とクラブに一体感がないと自分の力でつかむことになるので、余計な力が入り足の力の伝動がうまくできなくなりますし、スイング中に手首のスナップを柔らかくきかすことでヘッドスピードを上げるような動作も難しくなるのです。

特に右手に関しては、いかに力まずに、クラブが手に引っかかっているだけの状態を保てるかが下半身の力を伝えるうえで大切です。

また左右のグリップも、左手は押す、右手は引くという力のバランスで、クラブヘッドを落とさないくらいの力加減、つまり脇が少し締まるような力感でグリップするようにしましょう。

グリップはしっかり握るものだと思っている多くのアマチュアゴルファーにとっては、

アドレスでの重心位置

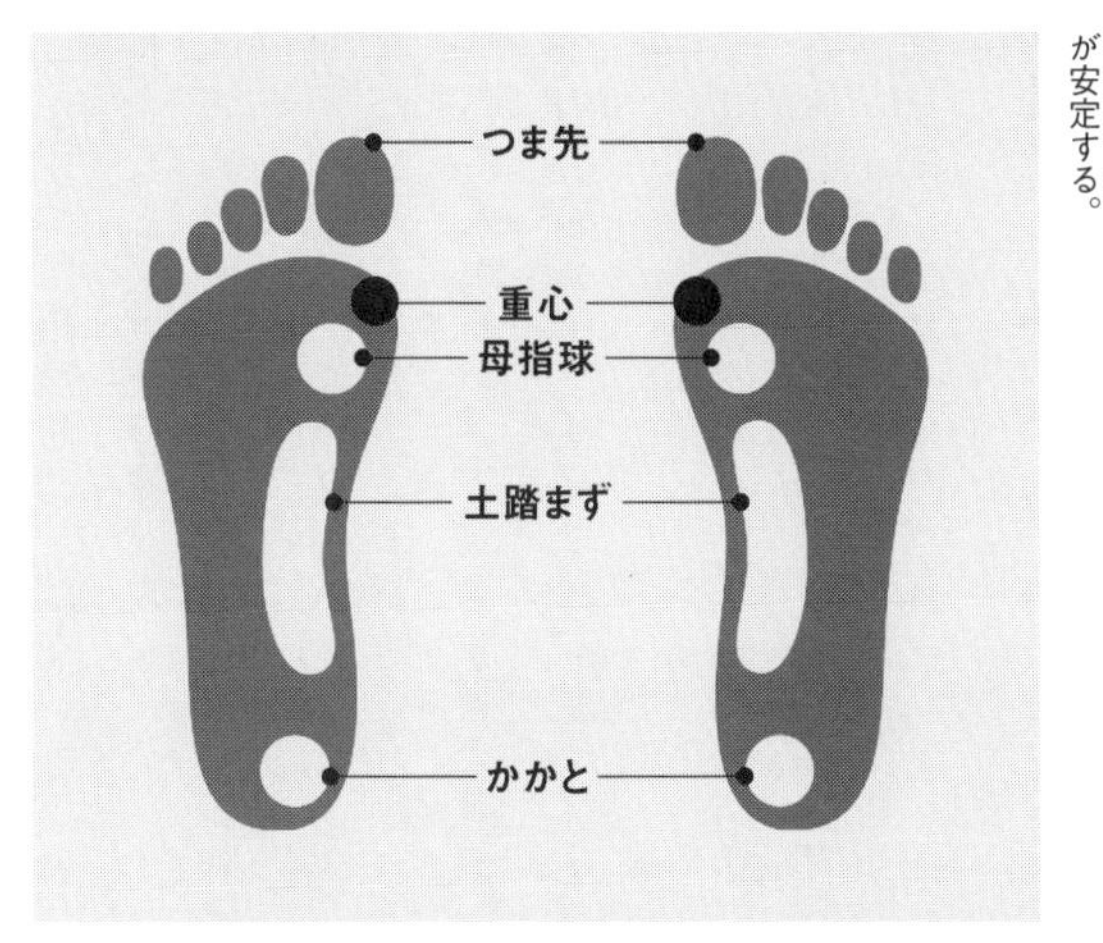

通常立っているときの足裏の重心位置は、土踏まずの後ろあたりにあると身体が安定する。しかし、ゴルフのアドレスでは前傾姿勢をとるため、軽くひざを曲げた状態で、重心が母指球と親指のつけ根の中間あたりにくるようにすると下半身が安定する。

左右のグリップの握り方

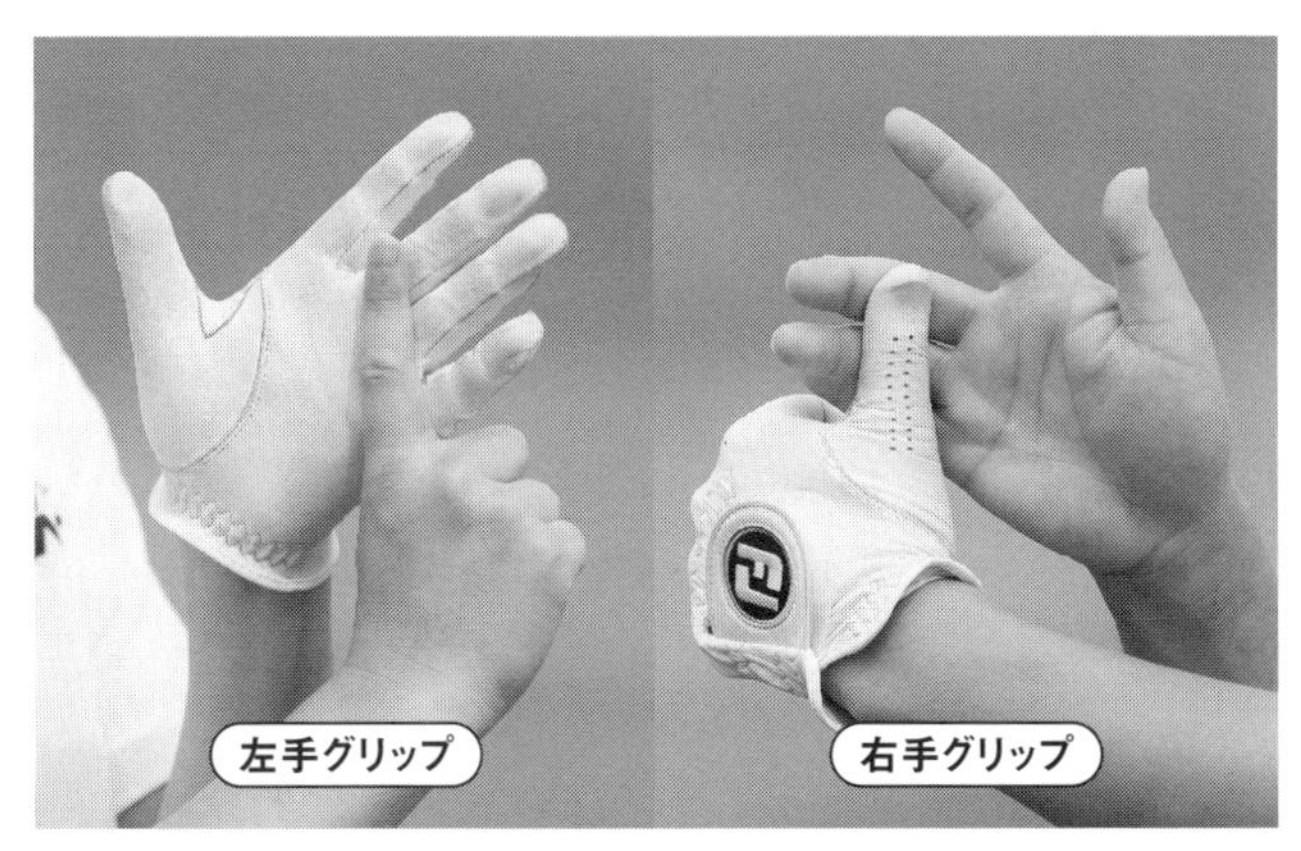

左手のグリップは小指から中指のつけ根に沿ってシャフトを置いて握る。右手は薬指と中指の第一関節と第二関節の間に置き指を曲げるだけの弱い力加減で握る。両手の親指と人差し指は握ると手首を固める原因となるのでシャフトに置くだけにする。

クラブがすっぽ抜けるのではないかというくらいの弱い握り方ですが、サイコースイングには握力など必要ありません。

ここでアマチュアが陥る問題は、下半身が使えるアドレスをとっていないために下半身が動かなくなり、結果右手で打つしかボールに当たらないので、右手に力を入れて打ってしまうのです。つまり身体が動く順番を間違えた応急処置的な形でのスイングを覚えてしまっている人が多い。このとき腕は動かしているので、横移動しかしていないにもかかわらず身体が回転しているように思ってしまいますが、ビデオなどでチェックすると一目瞭然です。

まずは下半身を使えるアドレスを作り、次に下半身を使えるグリップを連動させることで、身体とクラブに一体感が生まれるアドレスを完成させましょう。そのアドレスが大きな飛距離につながるのです。

まとめ

サイコースイングでの飛ばしには握力は必要ない

インサイドアウトのスイング軌道

　飛距離を出すためのサイコースイングのスイング軌道はインサイドアウトです。これは飛距離が出るドローボールを打つためのスイング軌道です。ボールが飛ばないという多くの**アマチュアは、アウトサイドインのスイング軌道でボールを打っています。**

　つまり下半身が使えていないことで、たいていは切り返しからボールに当てにいこうとして上半身と手が前にいってしまうと、クラブも高いところから前に出て、アウトサイドインのスイング軌道になるのです。するとフェースは開き気味になるので初速は減り、打ち出し角度は大きくなるのでキャリーも出ません。さらに、ボールは右回転のスライスボールになりますので揚力が大きく吹き上がった球になり、その分着地の落下角度も大きくなるのでランも出ないのです。

　このとき下半身の力を使い、**手を高いところから右腰の低い位置に引っ張ってくることができれば、クラブが身体に巻きついてくるので、結果的にインサイドアウトのスイング軌道になります。**するとフェースが閉じながら当たるので初速は増します。しかもボールは左回転のドローボールになりますから吹き上がる球にならないので飛距離も増し、ランも出るというわけです。

アウトサイドインのスイングの軌道

飛ばない方の多くは下半身が使えずに、上半身の力で打とうとする。トップの位置からボールに向かって右肩と手が前に出るので、アウトサイドインのスイング軌道になる。

インサイドアウトのスイング軌道

トップの位置から手を右足つけ根に落とすとクラブが身体に巻きつくように動き、クラブヘッドも自然に低い位置から前に出るので、インサイドアウトのスイング軌道になる。

サイコースイングでは、このドローボールを打つためのインサイドアウトのスイング軌道はどういうものかを理解することから始めます。

まず**スタンスで右足をひとつ分後ろに下げた、クローズドスタンスに構えてください**（P30写真）。最初は大きな違和感や抵抗感があると思います。しかし今までアウトサイドインに振っていたものを、インサイドアウトに変えようというのですから、これは相当な違和感があって当たり前のことなのです。

私がレッスンでよく話すのは、ゴルフスイングのルーティーンを家に帰宅したときのルーティーンに変えた例え話です。まず玄関の鍵を開けて、靴を下駄箱にしまって、家族にただいまの声をかけて、自分の部屋に入ってやっとフィニッシュを迎えるとします。

ところがスイングを変えるということはそもそも入る玄関から変えなきゃいけない。違う家に住まないといけないというくらい違うことです。つまりゴルフでアドレスを変えるということは、住所を変えることと同じくらい大変なことなのです。アドレスと住所をひっかけているので勘のいいレッスン生にはちょっと受けることもありますが、そこまでしないとスイングは変わらないんだよということを教えています。

ところで、ターゲットに向かってクローズドスタンスをとって、これまで通りに打つと、右を向いている分ターゲットに対してはインサイドアウトのスイング軌道になります。このときターゲットとボールの位置を確認しながら、インサイドアウトを意識することで、どういうスイングで振ればインサイドアウトのスイング軌道になるのかということを、後半のドリルでしっかりと確認しましょう。

確認のステップとしては、まずはクラブを持たないで腕の振りだけで確かめてください。そして腕の振りでインサイドアウトの感覚がつかめたら、次にクラブを持って素振りをしてみましょう。この素振りでインサイドアウトのスイング軌道が意識できて初めてボールを打ってみるのです。最初からボールを前にしてフルショットする人ほど直りません。素振りでできないことが、ボールを前にしてできるはずがないのです。

もちろん素振りでできたと思っても、今までのスイング軌道とは違いますから、最初はボールにはうまく当たらないでしょう。そこで、スイング軌道は変えずに、ミートするときの手の位置の高さや、姿勢などの修正を行いながら徐々にその軌道に慣れ、ミートの効率を高めるのです。

さあ皆さんもドライバーを手に、インサイドアウトのサイコースイングで、飛距離の出る力強いドローボールを習得しましょう。

まとめ

インサイドアウトのスイング軌道が力強い弾道を生む

クローズドスタンスで構える

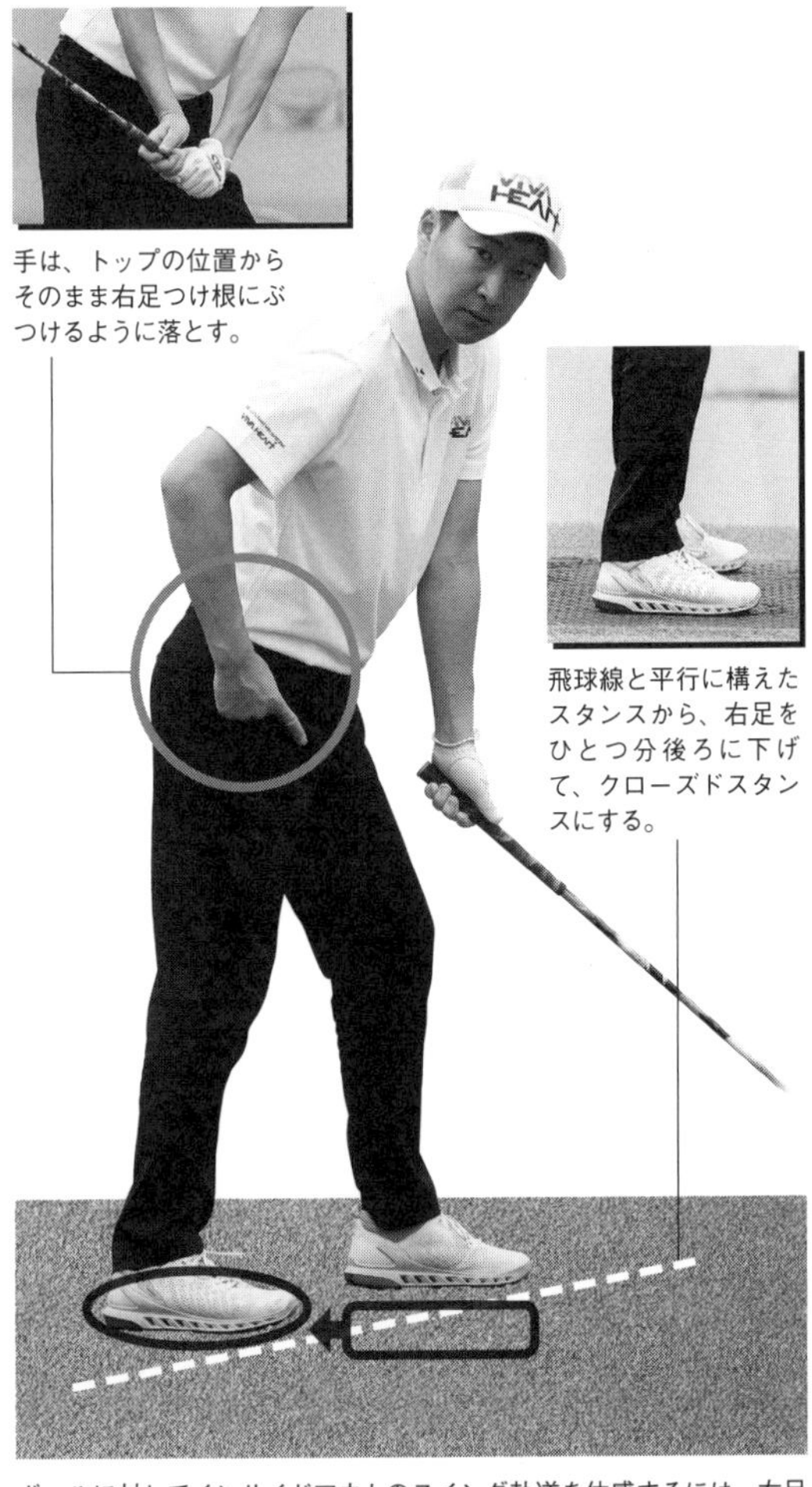

手は、トップの位置からそのまま右足つけ根にぶつけるように落とす。

飛球線と平行に構えたスタンスから、右足をひとつ分後ろに下げて、クローズドスタンスにする。

ボールに対してインサイドアウトのスイング軌道を体感するには、左足を下げたクローズドスタンスに構える。するとトップでの手の位置も後ろに下がるので、ボールに対してはインサイドからのスイング軌道になる。

力の方向と重心移動

トップから真下への力が遠心力を生む

何度もいいますが、**サイコースイングにおいて、スイングにおける9割の力はお腹（体幹）から下、主に下半身の筋肉の力を使います。**このパワーを、スイングの各部分で、どのようにすれば最大効率で使えるのかを見つけることが重要です。

スイングがトップを迎えたとき、下半身に溜まったパワーはすでに左へと向かっていますので、上半身との捻じれは最高点に達しています。

このとき左腕は張りがあって伸びた状態で、右腕は曲がったままです。左腕の伸びた状態というのはピンと伸ばすのではなく、電車のつり革をつかんで垂直方向に軽く引っ張っているくらい（左ひじはわずかに曲がってもいい）腕のしなりを使いやすくします。

ところで、もし下半身の力が正しく使えていないと、上半身の力で打つことになります。つまり足の力ではなく力の伝動から見ると末端の手で打とうとして手が前に出るのです。

すると右腕が伸びてアウトサイドインの軌道になったり、手首が伸びてコックが早くほどけるアーリーリリースと呼ばれるものになってしまいます。この手打ちといわれるスイングではボールにパワーが伝わりません。

下半身の力が使えている場合は、捻じられた上半身の動きのメカニズムは伸びた左腕からの回転で、結果として左腕がクラブを引っ張ってくるという動きになります。

足が正しく先に動くと、肩と腕と手は必ず連動しますから、手だけで打つことはできません。

このとき意識して欲しい重要なポイントが、トップで作られた左腕は伸びて右腕は曲がった状態のまま、手をボールに向かわせるのではなく、自分の中心に向かって引っ張ってくるという動きです。

スライスする人が矯正する際のイメージとしては、**グリップをトップから右脇腹の空間の真下にある右足つけ根を目がけて落とす！**のです。

ここで足の力が使えていると身体は回転していますから、手は下に動いていますが、肩が横に動くことでクラブヘッドは立ったままヘッドが勝手に前に出てきます。

これが、皆さんお聞きになったことがあると思いますが、クラブが立つという飛ばしに

グリップをそのまま右足つけ根に落す

とって重要なインサイドアウトのスイング軌道を生む動きになります。

また、高い位置から右腰の低い位置に直線的に引っ張ってくることでトップで自然にできた手首のコックがほどけず、溜めが生まれることでパワーが蓄積されるという効果もあります。そのあと、蓄積されたパワーとともに、腕と手首がいわゆる2重振り子の役割も果たすので、そのしなりによってクラブヘッドにかかる遠心力が増し、さらにヘッドスピードが加速するのです。

この一連の動作において**重要な点は、足の力によってお腹を下向きにしたまま行う**ということです。

足の力を意識していないと、スイングの勢いでお腹が途中で上を向くような伸びあがる体勢になりやすいので注意してください。

そして最終的には、左腕にクラブが巻きつくとともに、身体がクラブを巻きとっていくようなイメージを持てるようにしましょう。

まとめ

グリップを真下に落とすとクラブが立ってヘッドが前に出る

下半身を使った移動と回転

サイコースイングでの下半身を主体にした動きには、3つあります。

まず、①**身体の左右の体重移動**、そして②**足の裏の前後への重心移動による回転運動**、最後が③**前傾姿勢をとったとき、みぞおちの前あたりにある身体の重心の上下動**です。

①については、多くのレッスン本でも書かれているので、皆さんもおわかりだと思います。これはテイクバックでは体重が右に乗り、ダウンスイングでは体重が左に移動するという動きです。

これを上半身からすると足は浮いてしまいますが、上半身は動かさずに、下半身だけで体重移動してみましょう。すると両足の外側に力が加わるのがわかります。これが、前に話しました、テントをピンと張ったスタンスのときの力の方向です。

次に②の動きは、テントをピンと張ったスタンスの状態で、両足裏の母指球と親指のつけ根の間に重心を感じながら、右足裏は重心の位置を土踏まずの後方に、左足裏は重心の位置を親指つま先方向に移動します。すると、実際には足の位置は動いていないのですが、右腰が勝手に引けるような回転運動が起こるのがわかりますか。このとき、**右太腿裏のハムストリングと右のお尻の筋肉に張りが感じられればＯＫです。**

❶〜❸の動きを使ったテイクバック

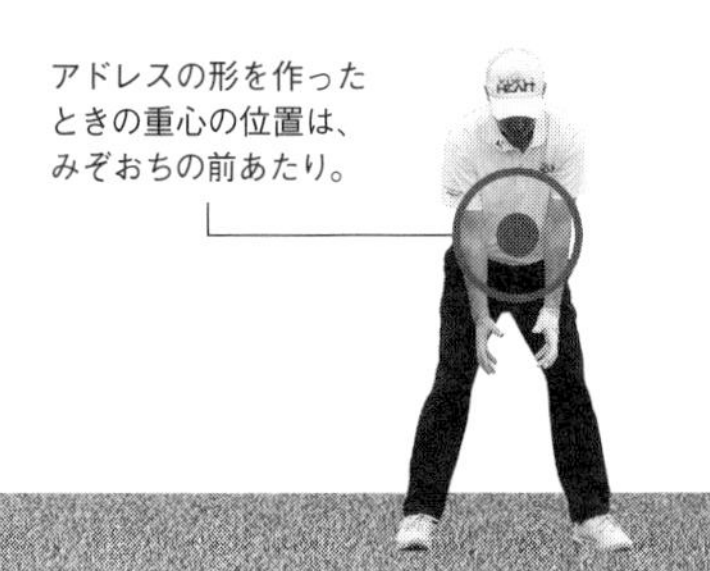

クラブを持たず両手を下げてアドレスの形を作り、身体の上下の重心はみぞおちの前あたりで、ソフトボールほどの大きさの丸いゴムの球体をイメージする。

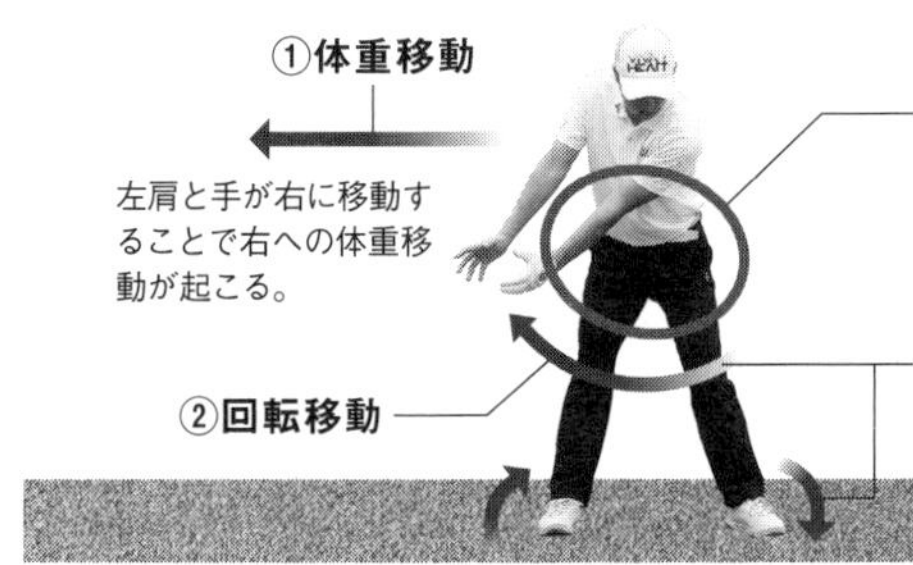

テイクバックで左肩と左腕が右に移動すると、①の右の体重移動が起こる。このとき下半身で右への動きを止め、足の裏の重心を移動することで、②の回転運動も起こる。

さらに回転を続けると上半身の捻じれで上への③重心移動が起こるが、このとき身体の重心が上に引っ張られないように下半身の筋肉で耐えることで大きなパワーが蓄積される。

足の裏の重心の動きを使った回転運動

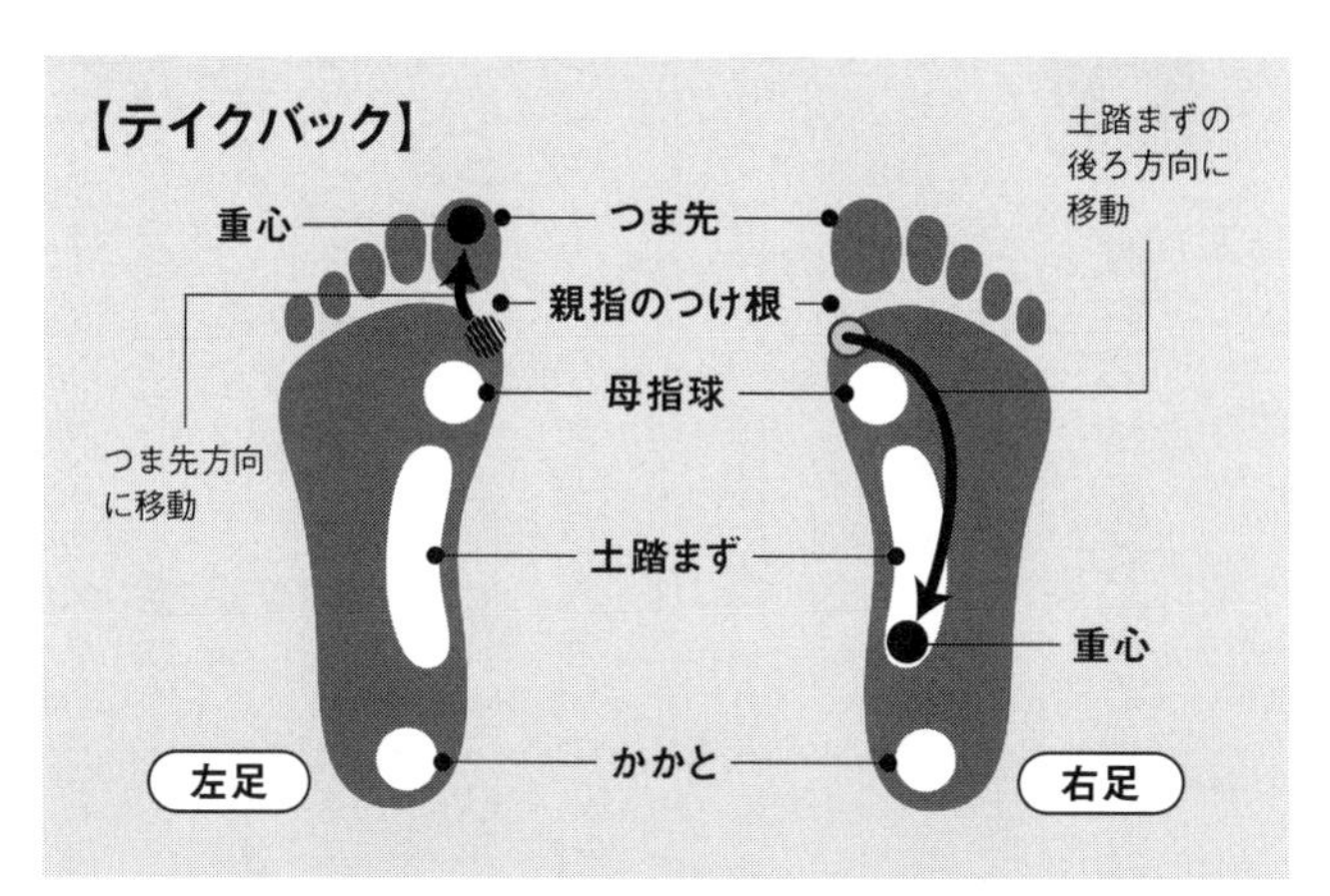

テイクバックでは、左足の重心は、母指球と親指つけ根の中間から親指つま先方向へ移動する。右足の重心は、母指球と親指つけ根の中間から土踏まず後方へと移動する。この移動によって身体には右への回転運動が起こる。

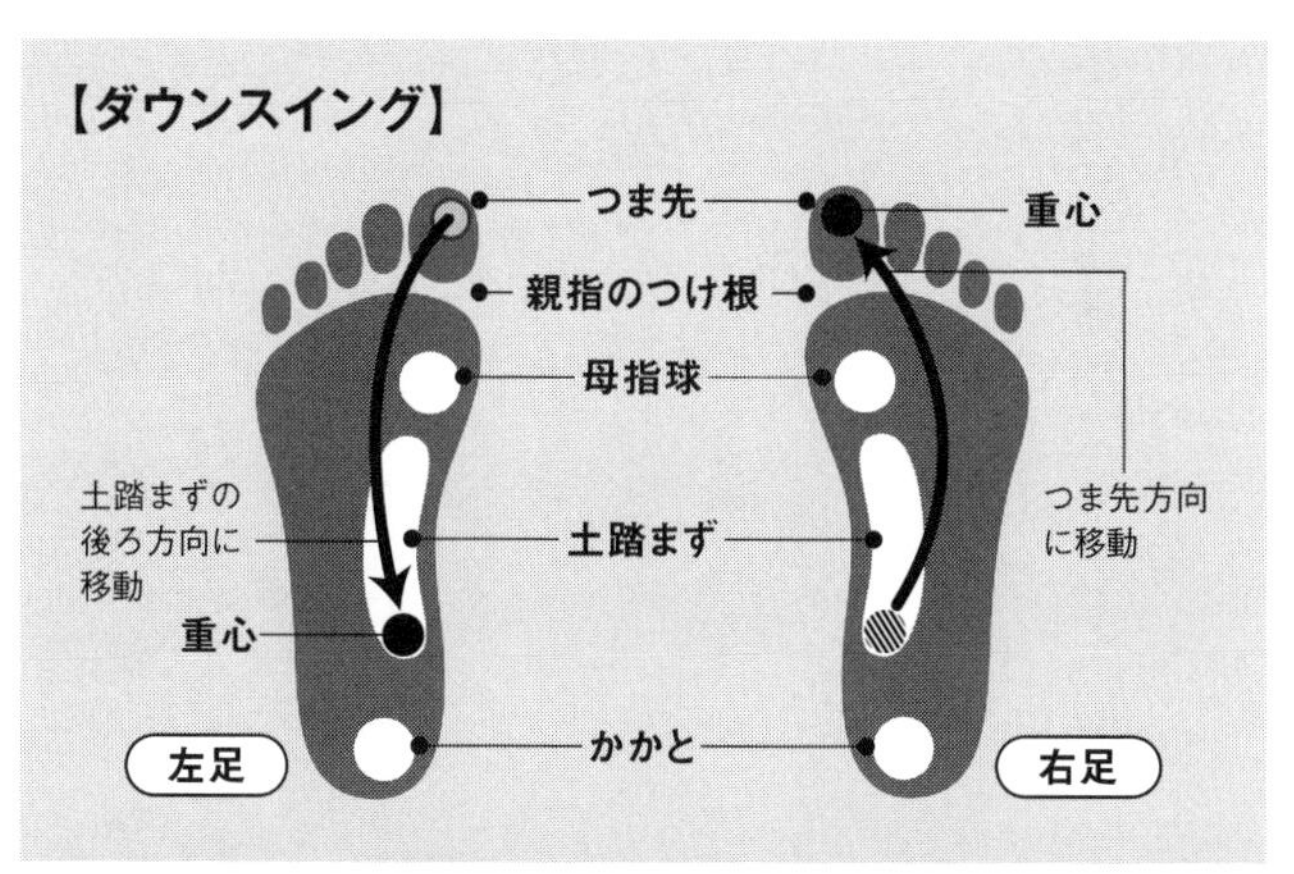

ダウンスイングでは、左足の重心は親指のつま先から土踏まず後方へ移動する。右足の重心は土踏まず後方から親指のつま先へと移動する。この移動によって身体には左への回転運動が起こる。

これに上半身を連動させたのがテイクバックになります。

今度は右足裏の重心を土踏まず後方から親指のつま先方向に、左足裏の重心を親指つま先から土踏まず後方に移動すると左腰が引けるような逆の回転運動が起きます。これがダウンスイングの動きになるのです。

また、③の重心についてはスタンスをとったとき、みぞおちの前あたりにソフトボールほどの大きさの丸いゴムの球体があるイメージを持ってください（P36写真）。その丸いゴムが、テイクバックでは大きい力に引っ張られるのですが、耐えて耐えて耐えて、トップではほんの少しだけ上に伸びた楕円となるようなわずかな重心移動です。そしてダウンスイングでは、元の球体に戻ろうとする爆発的な力として下向きに働きます。

この①～③の連続する動きは、サイコースイングの基礎を作り上げるうえでも重要な動きとなりますので、ぜひ覚えてください。

まとめ

左右の体重移動と重心移動による回転運動がスイングの要

インパクトでの左の壁のメカニズム

足の力で身体に急ブレーキをかけることでヘッドが走る

インパクトの瞬間には、下半身の回転運動による正しいダウンスイングだと、左足裏の親指つま先から土踏まず後方に重心移動が起こると同時に、左足外側に全体重がかかります。

このとき、**左足のふくらはぎの筋肉と太腿裏のハムストリングでしっかりと支える**。つまりエッジを効かすことによって身体が左に流れないようにする、**これがいわゆる左の壁を作るということです**（P41写真）。

この左の壁のメカニズムによって、ダウンスイングで下りてきた腕とクラブは左に引っ張られますが、それに対して上半身は右に行こうとするカウンターの動きが生まれ、身体に急速にブレーキがかかる分、最後にヘッドだけが走るという効果につながるのです。

つまり足から連動して、体幹、肩、腕、手首、シャフトという順番でブレーキがかかるごとに遠心力が加わるのでスピードが加速され、最後にシャフトのしなりも手伝ってヘッドだけ走るというものです。

もし、上半身や腕からの始動でインパクトを迎えるとすると、左の壁ができないのでエッジも効かず、クラブの回転と一緒に身体が左に流れてしまうのでヘッドも走りません。

ところで、**インパクトの瞬間は、力の方向が最後に下に向かっていることが重要なので、地面に向かってしっかり腕が伸びるような体勢を作ることです。**チェックポイントとしては、下半身の足の動きに連動して、上半身は起き上がらないで地面を向き、肩はスクエアかやや開き気味の状態で、**おへそだけが自分から見て地面に描いた時計盤の10時の方向に向いていることを意識してください**（詳しくは第2章）。

この形でインパクトを迎えると、クラブヘッドを低く長く出せるような最大効率のフォロースルーがとれるので、力強い球筋になるのです。

ですから、インパクト後もそのまま腕を伸ばすイメージを持つといいでしょう。当然重たいクラブを引っ張ってくるのですから、グリップには力が入っている圧力を感じるはずです。そこで、フォロースルーにかけては握っていたクラブを下に向かって投げるように力を解放する。そうすることでスムーズなフォロースルーにつながります（P42図写真）。

インパクトの瞬間にできる左の壁のメカニズム

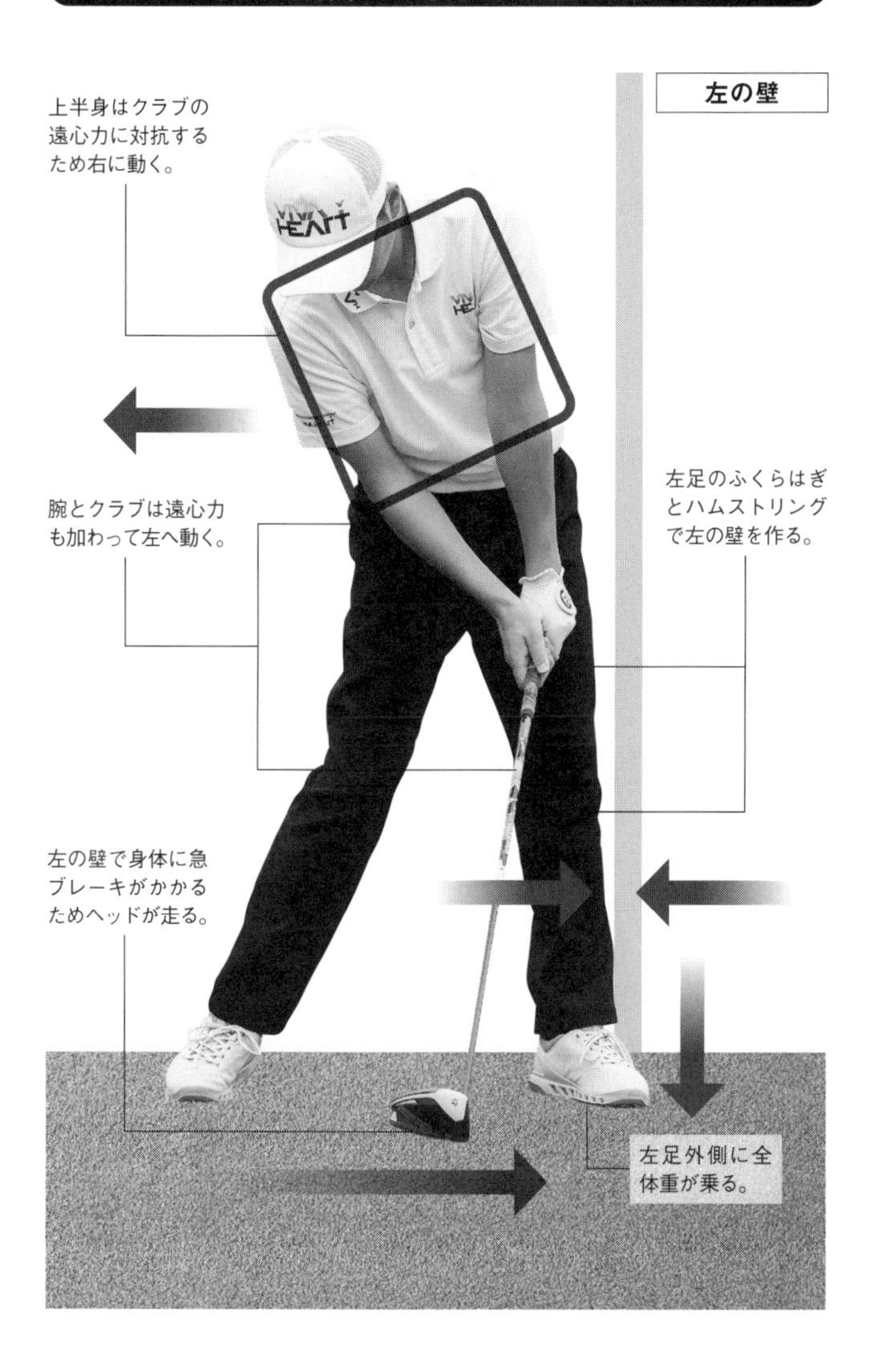

まとめ

左のふくらはぎと太腿裏のハムストリングで左の壁を作る

地面に向かってしっかり腕を伸ばす

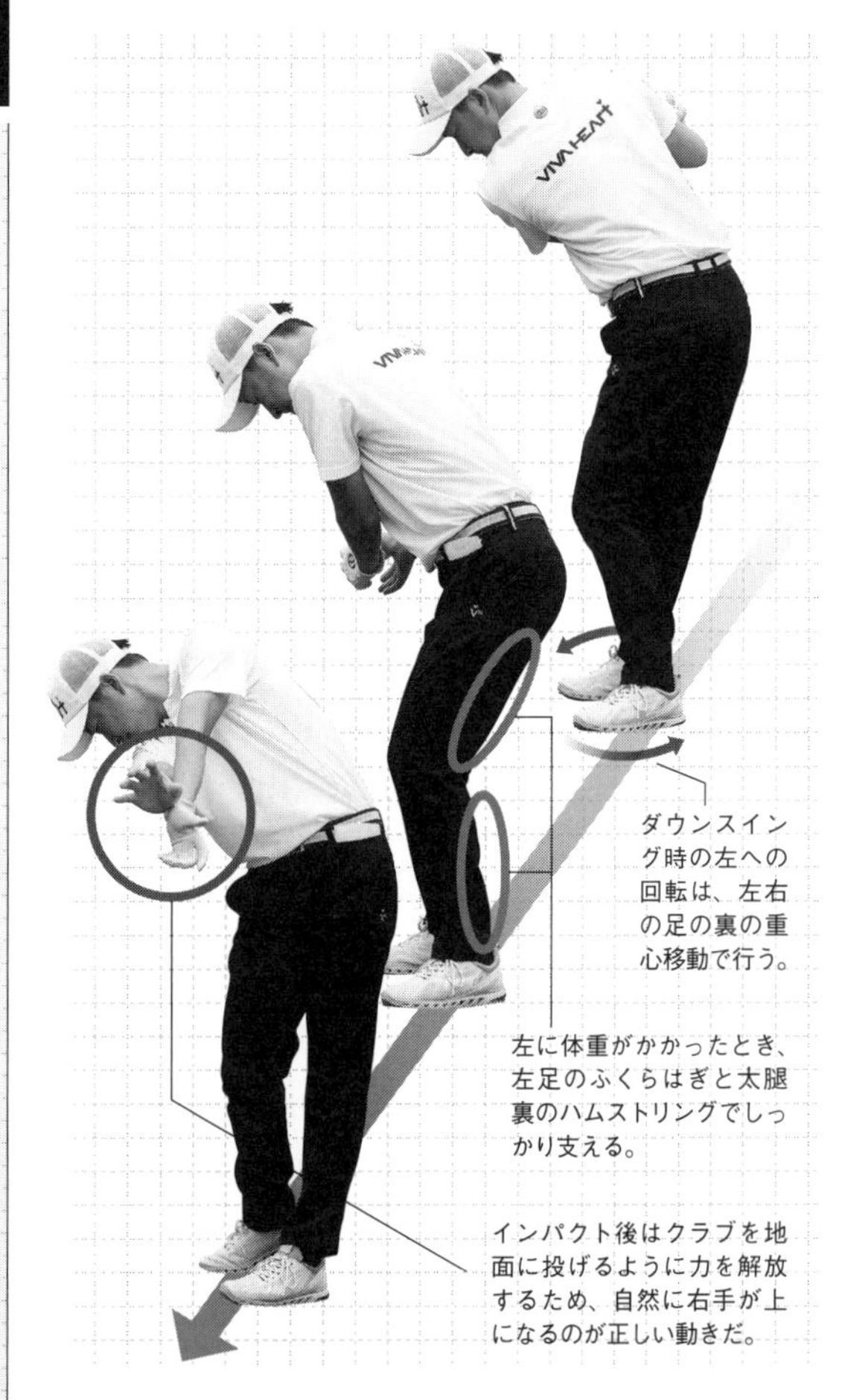

ダウンスイング時の左への回転は、左右の足の裏の重心移動で行う。
左に体重がかかったとき、左足のふくらはぎと太腿裏のハムストリングでしっかり支える。
インパクト後はクラブを地面に投げるように力を解放するため、自然に右手が上になるのが正しい動きだ。

サイコースイングでは、インパクトで腕が地面方向にしっかり伸びていることが、ボールに力を伝える最大効率の動きにつながる。インパクト後も、クラブヘッドが低く長く出せるように、身体の回転を使って地面に向かって腕を伸ばし続ける動きをつかもう。

第2章

最大効率

サイコースイングの動きを分解

インパクトで飛ばしの最大効率を実現するサイコースイングの動きを知ろう！

YouTube「DaichiゴルフTV」解説動画

P44 「下半身で構えるアドレス」

アドレスではひざから曲げてはダメ。骨盤から曲げ、お尻の筋肉と太腿裏のハムストリングに張りと力が蓄えられる構えを解説。

P52 「下半身の力を活かすグリップの握り方」

クラブと身体をつなぐグリップはスイングの要。最大効率のスイングを生む、右手と左手のグリップの正しい握り方と力感を解説。

P64 「重心移動」

サイコースイングでは下半身を使ったスイングが最重要課題。この下半身の重心移動によって大きく回転するクラブの動きを解説。

P68 「クラブはてこの原理で扱う」

右手を支点、左手を力点にして、左手を自分に引き寄せてクラブを下ろすと、てこの原理でクラブは勝手に下りることを解説。

下半身で構えるアドレス

重量挙げの初動の姿勢をイメージしたアドレス

例えば陸上の100m走で、いち早くスタートダッシュを決めよう思ったとき、一番最初に爆発しなくてはいけない筋肉は、お尻、太腿裏のハムストリング、ふくらはぎです。

つまり、ヨーイドンの瞬間に、その下半身の筋肉を使ってすぐ前に走り出せるような準備をしておくことが重要なのです。スプリンターのスタートの構えを見てください。下半身の筋肉が緊張感を持った張りに包まれているのがわかるはずです。

ゴルフの構えも同じです。

走り出す直前と一緒で、アドレスをとったとき、次のテイクバックの動作につなげるためには、**お尻の筋肉や、太腿裏のハムストリングに力が蓄えられているような張りを感じなくてはなりません。**

ゴルフの構えという点では、**重量挙げの初動の姿勢をイメージしたほうがわかりやすい**

アドレスは重量挙げの初動をイメージする

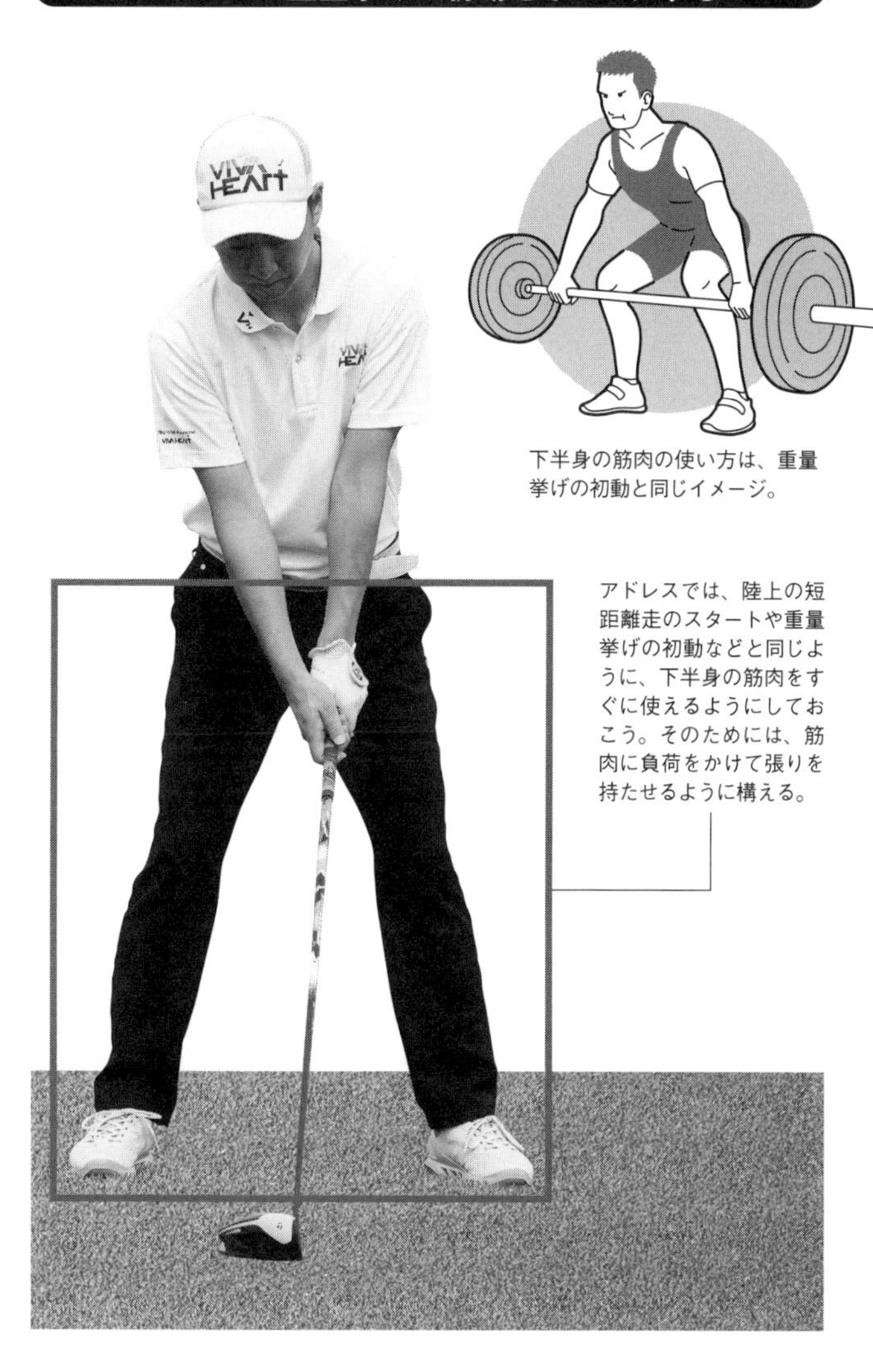

下半身の筋肉の使い方は、重量挙げの初動と同じイメージ。

アドレスでは、陸上の短距離走のスタートや重量挙げの初動などと同じように、下半身の筋肉をすぐに使えるようにしておこう。そのためには、筋肉に負荷をかけて張りを持たせるように構える。

でしょう。

重たいバーベルを持ち上げようと下方向に力を溜めるため、腰を少し落として上半身を前傾させた体勢になり、このときお尻の筋肉やハムストリングにはすでに負荷がかかり、張りのある状態になっています。

この下向きに力が働く下半身の筋肉の状態が、サイコースイングでの下半身のアドレスになります。

このとき上半身は、足のつけ根から15度～30度にかけての前傾姿勢をとりましょう。骨盤がやや斜め前に倒れることで、お尻の筋肉とハムストリングにかかる張りを十分に感じられるとともに、上下の重心位置がみぞおちの前あたりにくるような、安定したアドレスの形となるのです。

この筋肉の張りについてアマチュアの方がよく誤解されるのは、すると下半身は足全体でがっちり固めたほうがスイングが安定するんだ、と思い込まれることです。

下半身のお尻の筋肉とハムストリングの張りはあくまで次のテイクバックのひねりの動作に連動させるために必要なもので、緩めておきたい太腿表の筋肉まで使って下半身をがっちり固めてしまったのでは、足全体がロックされてしまいひねりが十分にできません。

骨盤がやや斜め前に倒れる前傾姿勢をとる

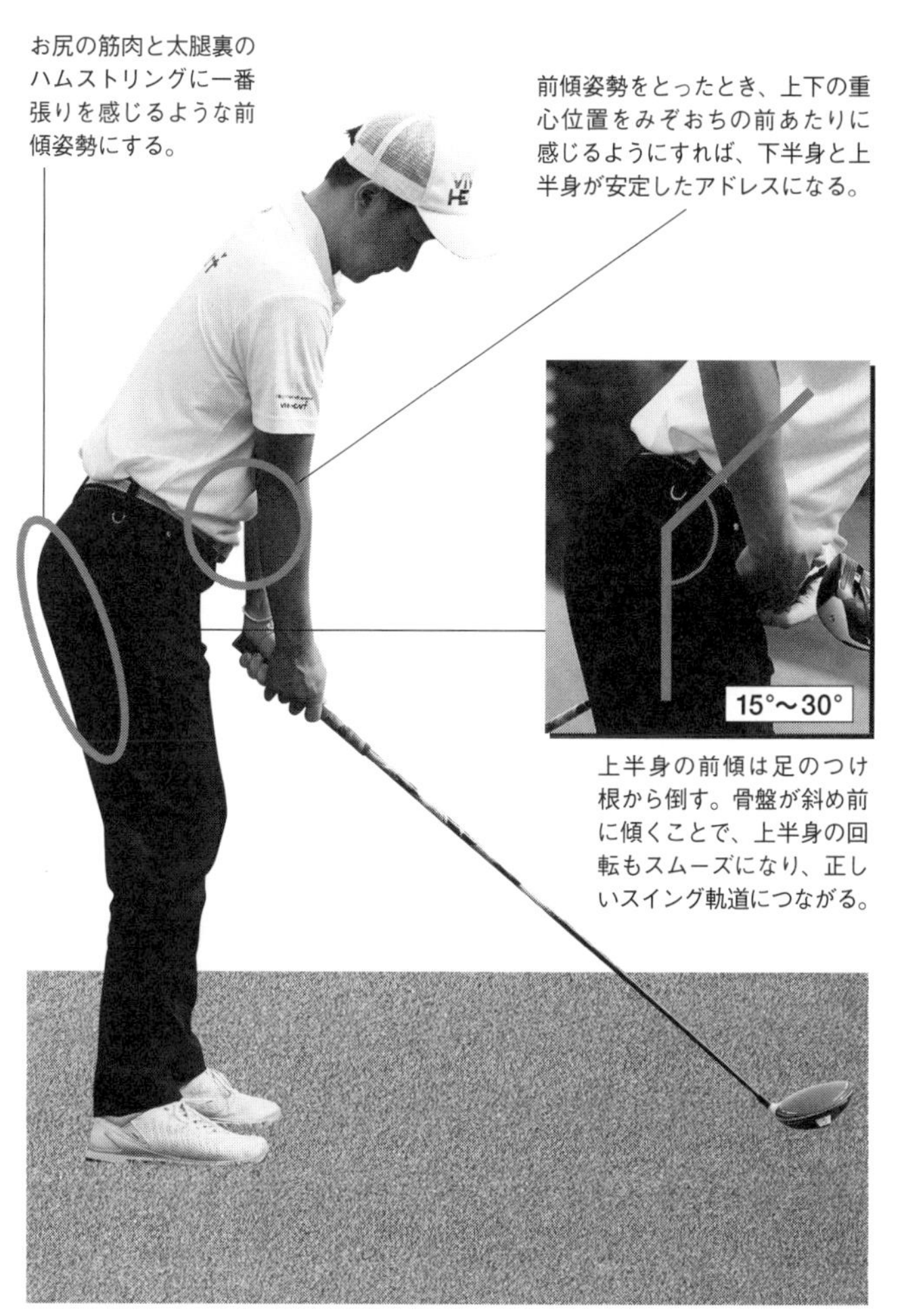

お尻の筋肉と太腿裏のハムストリングに一番張りを感じるような前傾姿勢にする。

前傾姿勢をとったとき、上下の重心位置をみぞおちの前あたりに感じるようにすれば、下半身と上半身が安定したアドレスになる。

上半身の前傾は足のつけ根から倒す。骨盤が斜め前に傾くことで、上半身の回転もスムーズになり、正しいスイング軌道につながる。

軽くひざを曲げ骨盤から上半身を倒す前傾姿勢をとることで、足の前の筋肉ではなく、お尻の筋肉と太腿裏のハムストリングに負荷がかかりそれぞれの筋肉に張りが出る。

間違ったアドレスの姿勢

上半身の前傾が少なく、お尻を落としてひざを曲げたアドレス。この体勢は太腿裏のハムストリングではなく、太腿表の筋肉に力が入るので足全体がロックされ、手打ちになる。

背中が極端に丸まったアドレスは、下半身より上半身に力が入るためひねりが浅くなり、上半身が突っ込むようなスイングになるので、ダフリやあおり打ちになりやすい。

すると上半身だけ動かして打つことになりますから、アウトサイドインのスイング軌道からの、パワーのない手打ちスイングになってしまうのです。

もうひとつ、アドレスにおいてアマチュアの方にわかって欲しいのは、**「安定する姿勢=楽な姿勢」ではない**ということです。

例えばアドレスでひざを曲げたとき、上半身の前傾姿勢をとらずにお尻を落として構えたり、上半身に力が入り背中を丸めて構えるアマチュアの方も多く見かけます。

自分では安定しているように感じるかもしれませんが、この体勢は下半身のお尻の筋肉やハムストリングにほとんど負荷がかかっていないので実は楽な体勢です。

これでは、下半身の力が使えないため、足元がぐらついたり、手だけでヒョイと上げるようなスイングしかできません。

ですからまったく飛ばないのです。

何度もいいますが、重要なのはお尻の筋肉とハムストリングに張りがあるアドレスです。

まとめ

アドレスではお尻の筋肉と太腿裏のハムストリングに張りを感じる

足の裏の働きがお尻の筋肉とハムストリングに力を供給

では、アドレスで大きな役割を果たすお尻の筋肉と太腿裏のハムストリングはどうやって力を溜めればいいのでしょうか?

ここで、重要な働きをするのが足の裏の力です。

アドレスでは、前傾姿勢をとった上半身のみぞおちの前あたりに身体の重心があり、足の裏にはこの重心から地面に向かう強い力が働いています。

このとき、足の裏の両サイドからさらに外側に向かって根を張るようなイメージ、前にテントをピンと張るといいましたが、そんなイメージを持ってみましょう。

すると今度はその反力で左右から身体の中心に向かって力がかかり、アドレスが安定した状態になるのがわかります。

これが、いわゆる軸が生まれた状態です。

前傾していることでお尻の筋肉やハムストリングにも同じように左右から力がかかりますから、少し内股になるような感じで筋肉にも張りが生まれるのです。

つまり、**重心と足の裏から地面に向かう力の動きが反力を生み、お尻の筋肉やハムストリングに伝わることで、アドレスで必要とする力を蓄えるのです。**

まとめ

地面からの反力が下半身の筋肉に力を蓄える

重心と足の力は下へと向かう

前傾姿勢をとったアドレスの重心位置はみぞおちの前あたりで、球体をイメージする。この重心から下に向かう力が下半身を安定させる。

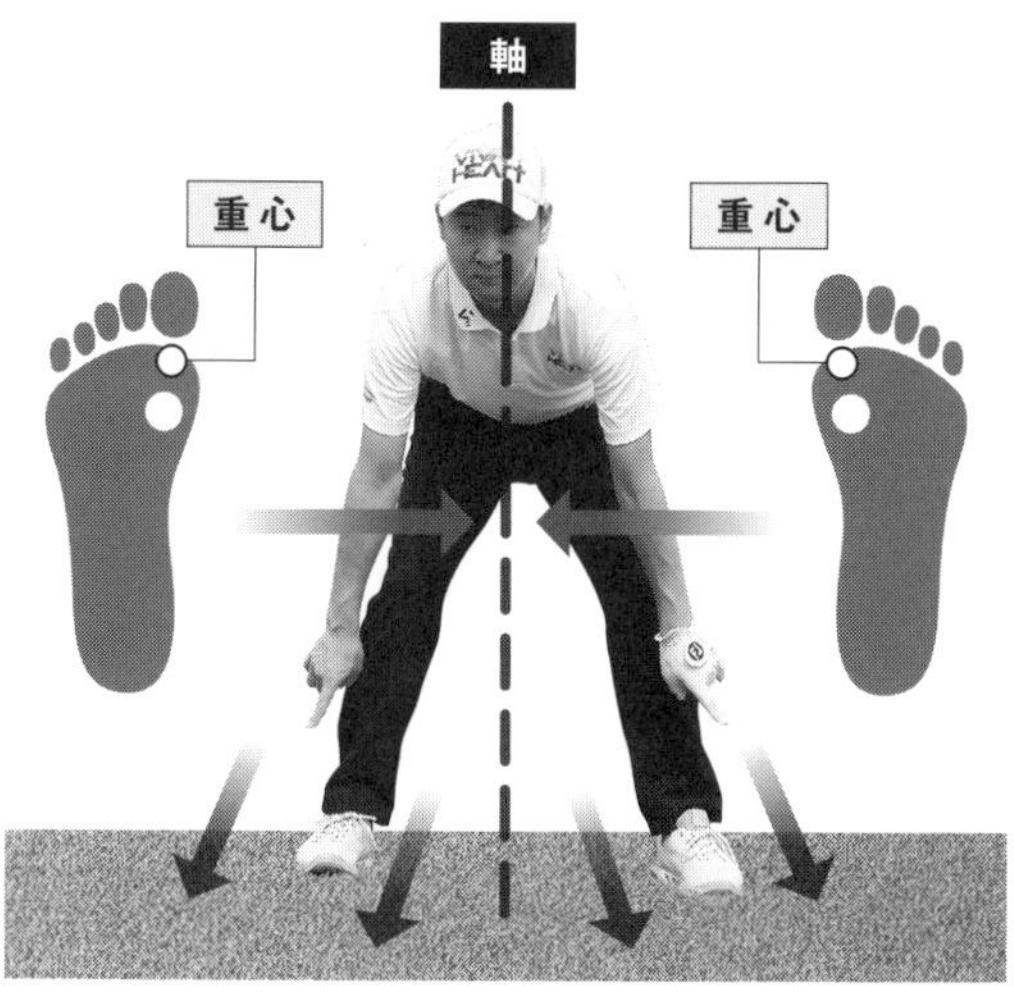

重心が下に向かう力は足の裏から外側に向かい根を張るようなイメージ。足の裏の重心は左右とも母指球と親指つけ根の中間あたり。

下半身の力を活かすグリップの握り方

軽く握るとグリッププレッシャーがかからずにヘッドが走る

サイコースイングでは腕に余計な力は入れません。ですからグリップもできるだけ軽く**握り、手首がロックされない状態がベストです。**

しかし、単に軽く握るといっても、握り方によってはスイングが不安定になることもあり、そうなるとスイング中にグリップをギュッとつかんで手首を固め、スムーズなスイングができなくなってしまいます。

サイコースイングでは、クラブを左手がリードしますから、握るという感覚は左手で感じやすく、右手は握っている感覚が少ないほうがいいでしょう。

ですからクラブを左手のどの部分で、どう握っているのかということが重要になります。これは自分の左右の手だけで簡単にセルフチェックできます。

まず左手を開き、親指だけ離して、小指から人差し指までを揃えます。その小指から中

左手のグリップの握り方

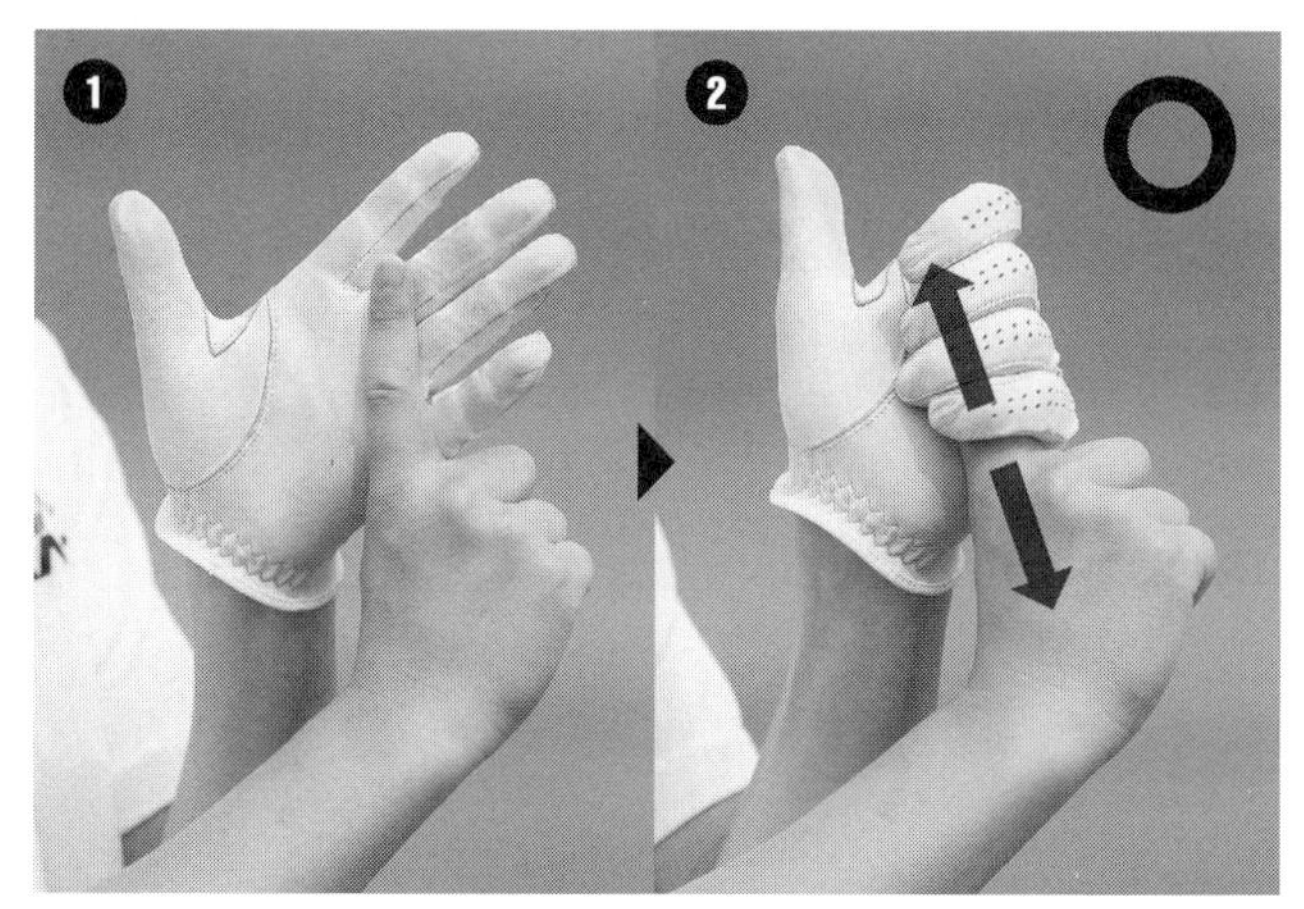

❶広げた左手の小指から中指のつけ根に沿って右手の人差し指を置く。❷小指から順に握り、引っ張っても抜けない力加減がベスト。軽く握っても抜けないことが体感できる。

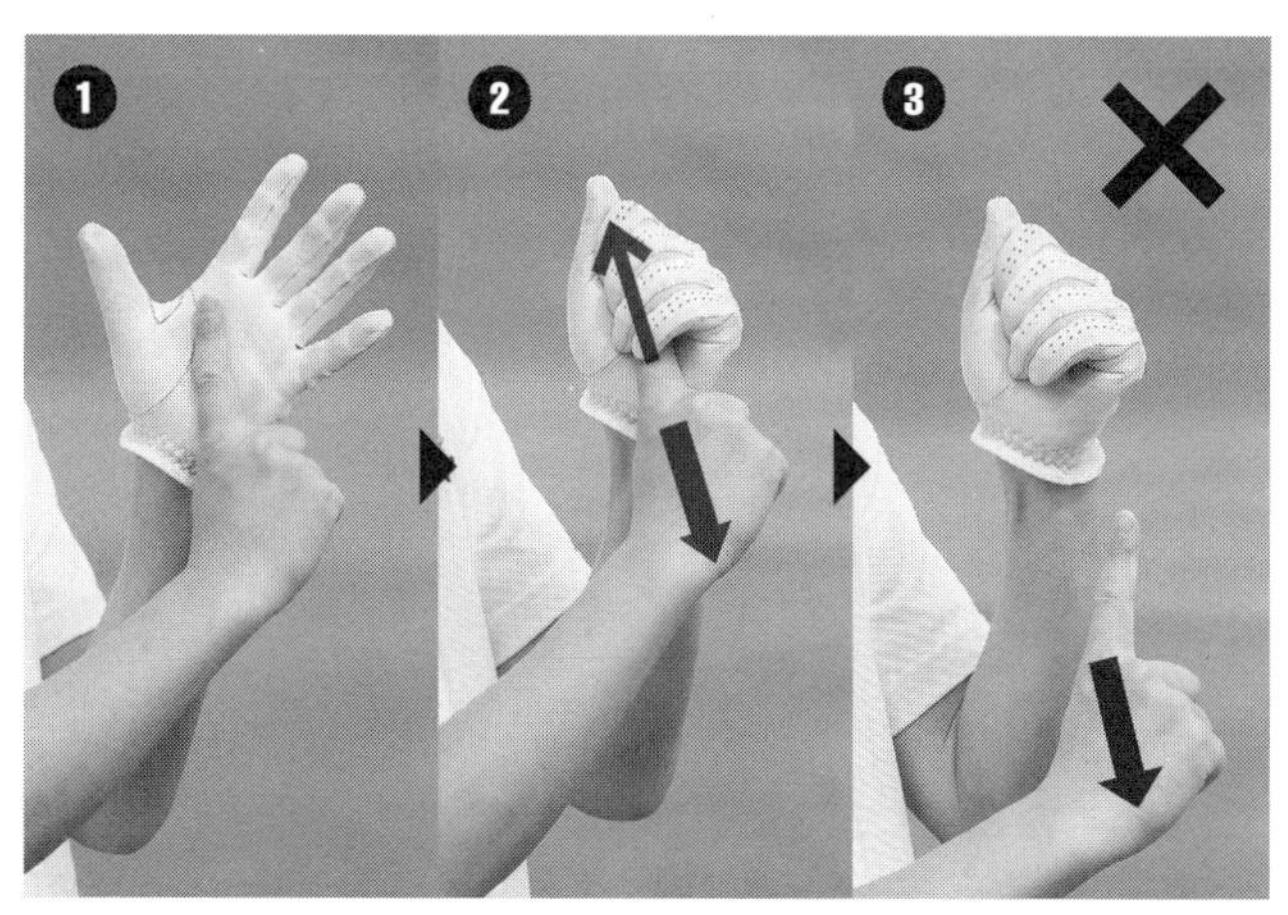

❶広げた左手の掌の上に、右手の人差し指を置いて握る。❷この場合はかなり強く握っても、❸人差し指は簡単に抜ける。スイング中にクラブが不安定になることがわかる。

指の付け根に沿って右手の人差し指を置き、小指側から軽く握るのです。そして**右手の人差し指を引っ張っても抜けないくらいのグリップ力**を体感してください。左手にそんなに力を入れなくても人差し指は抜けないはずです。

レッスン本などには、左手の小指に一番力を入れて握る、と書かれているものも多いと思いますが、クラブのグリップに向かってだんだん太くなっていますから、こうやって軽く握っても抜けません。ですから、手首を固めるグリッププレッシャーをかけるような強い握りは必要ないのです。

しかし、今度は左の掌に右の人差し指を置いて握ってみてください。引っ張ると……。いとも簡単に抜けてしまいますね。こういう握り方がスイングを不安定にする要因になりますので気をつけましょう。

次に、右手については薬指と中指の第2関節から指の付け根にかけて左手の親指を当て、軽く添えるという感じで薬指と中指を曲げます。そしてこのグリップを自分の身体のほうに引いたとき、少し親指が引っかかるような力が感じられるのですが、**スイング中も同じようにグリップが引っかかるように感じられればベスト**です。握って力が入ると、この感覚はなくなります。また掌で親指（グリップ）を握ると動きやすいので注意しましょう。

右手のグリップの握り方

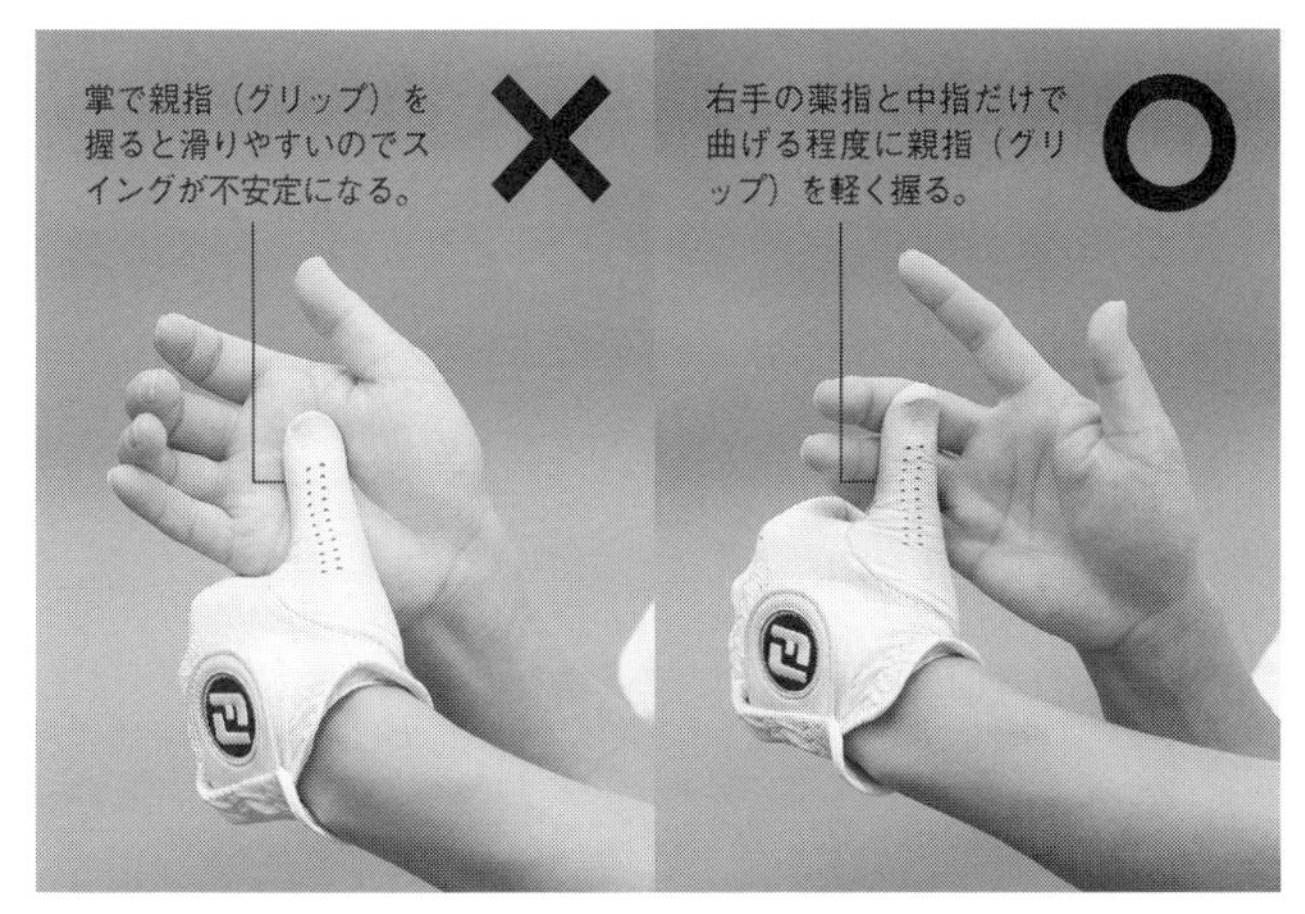

右手の薬指と中指の第二関節から指の付け根にかけて左手の親指を当て、動かすと少し親指が引っかかる程度に曲げるだけ。右手の掌に左手の親指を当てて動かすとすぐ滑る。

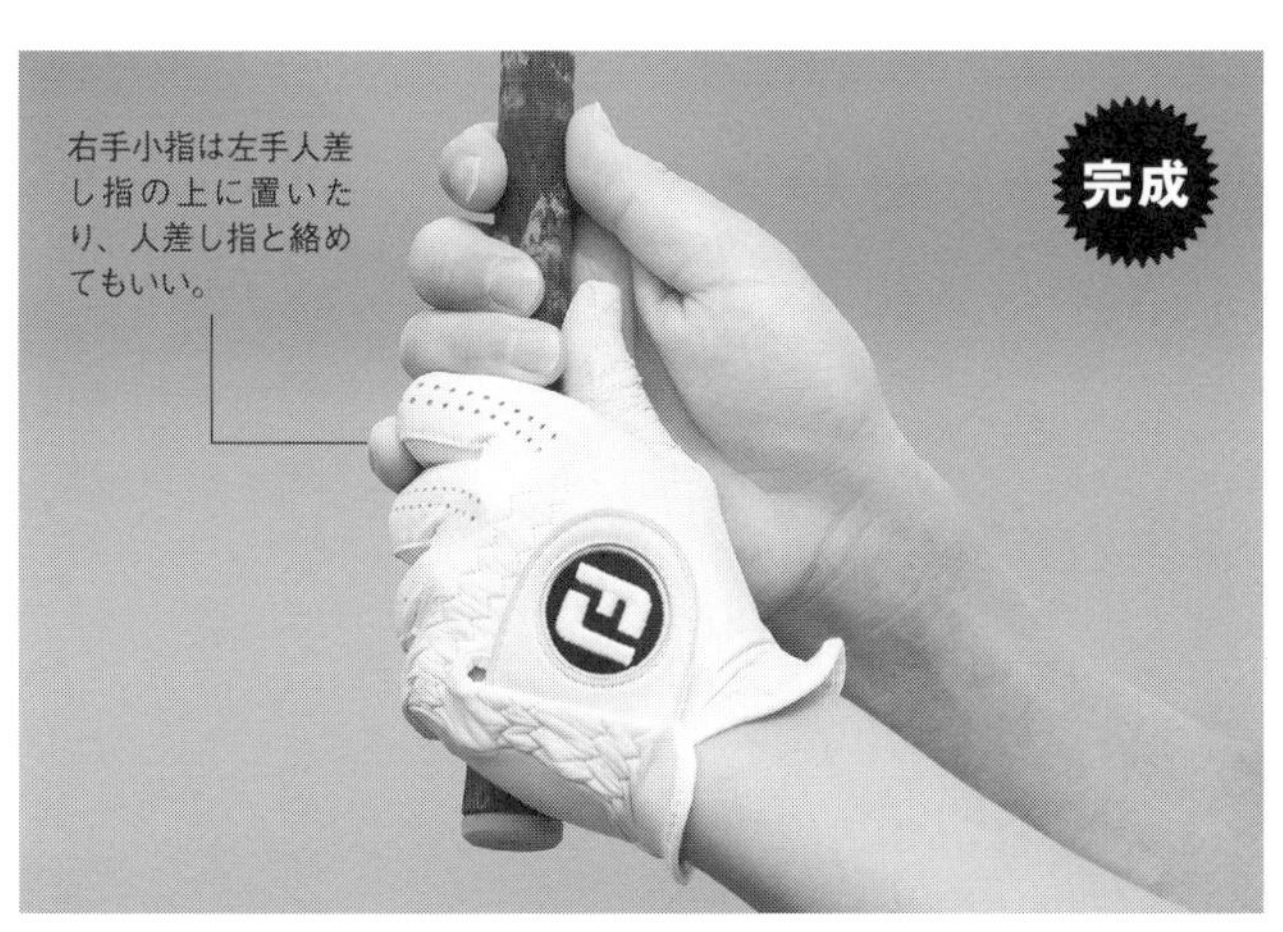

軽く握るほど、手とグリップに柔らかさと一体感が生まれる。グリッププレッシャーがかからないので手首のスナップも効率よく使え、ヘッドが走るのでスイングスピードが増す。

このとき小指については、左手の人差し指の上に置いたり、人差し指と絡めたりしてもかまいません。

また両手とも、人差し指と親指に関しては握るのではなく、クラブに柔らかく添えている程度でかまいません。というのも、**親指と人差し指は手の筋に関係している指なので、ここに力が入ると手首をロックしてしまう**のです。

スイングが不安定になったとき、クラブの動きを支えようとして力が入るのがこの両指で、手首が固まるとスナップが効かないためスイングスピードは遅くなり、飛距離も出なくなります。

また正面からグリップを見て、**親指と人差し指が作るVの字が、自分の右脇を指す「ストロンググリップ」が、今では飛ばしの主流となっています。**

これは、ダウンスイングのときにクラブを下に引っ張る動きや、クラブを巻きつかせる動きがしやすくなり、遠心力を強く働かせることができるのでボールをより遠くに飛ばせることができるのです。

これは鏡などで、自分ですぐチェックができますので確認してみてください。

まとめ

グリップは手首にロックをかけず滑らせないような形で軽く握る

飛ばしの主流はストロンググリップ

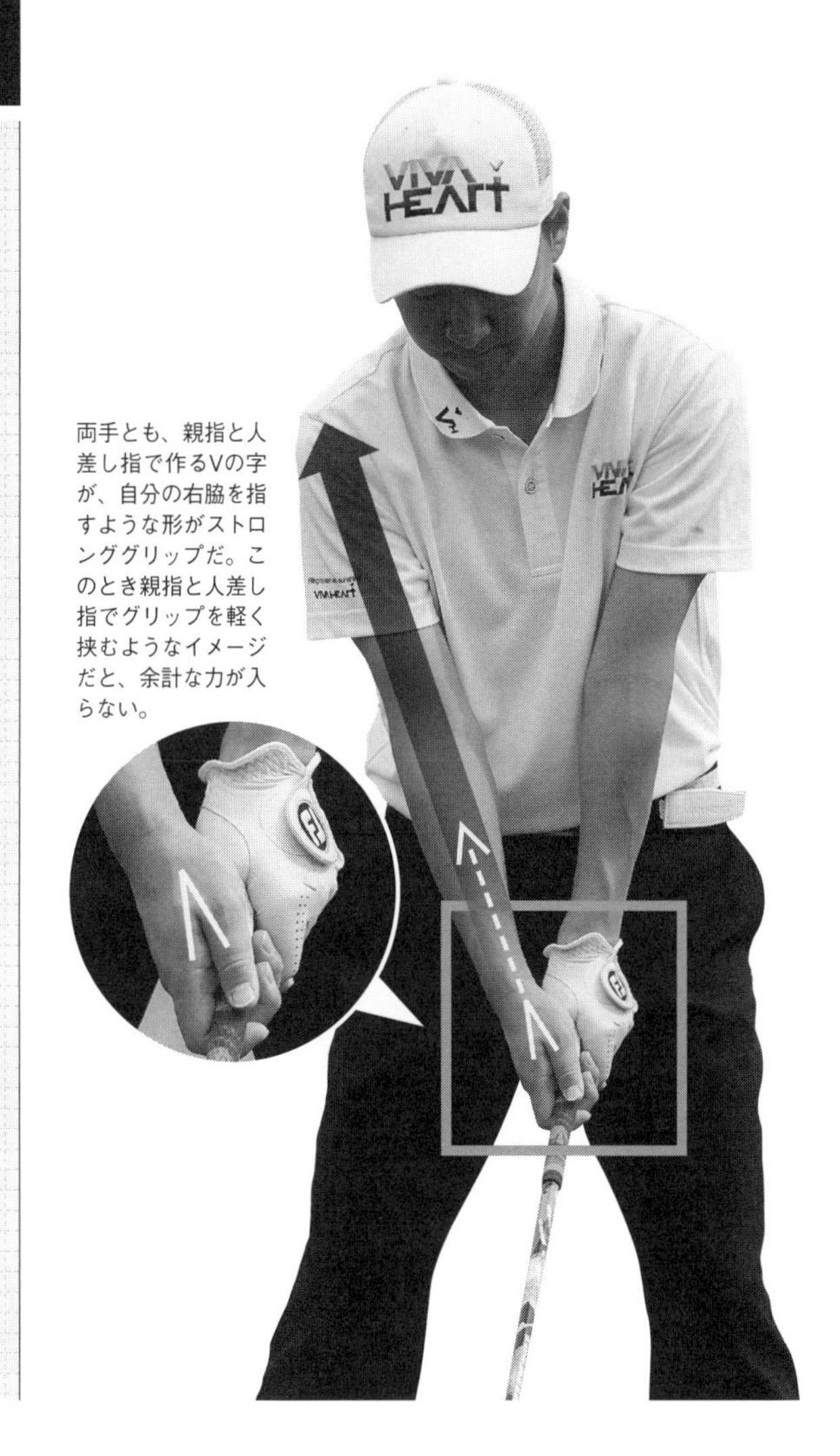

両手とも、親指と人差し指で作るVの字が、自分の右脇を指すような形がストロンググリップだ。このとき親指と人差し指でグリップを軽く挟むようなイメージだと、余計な力が入らない。

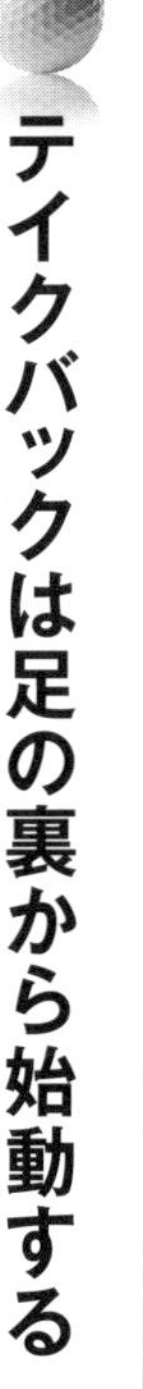

テイクバックは足の裏から始動する

足の捻じれが連動して上半身の捻じれを生む

アドレスで、下に向かう重心の力が加わった足の裏の力を地面が押し返す反力として、お尻の筋肉とハムストリングに張りとパワーが蓄積されることは先ほども述べました。

そして、そこにさらに圧力がかかった瞬間がスイングの始動、つまりテイクバックになります。

この動きを司るのが、**足の裏の重心の動きです。**

足の裏の重心は、左右とも母指球と親指つけ根の中間あたりにあります。

テイクバックのスタートの瞬間は、地面の中で足が捻じれ込んでいくような力がかかるので、下向きの力でしっかり地面をつかむような感覚でいないと、足が滑って動いてしまったり、単なる横移動のようなスライドした動きになり、パワーが逃げてしまいます。

そこで、力をさらに溜めるような足の裏の重心の動きが重要になってくるのです。

テイクバックでの足の裏の重心移動

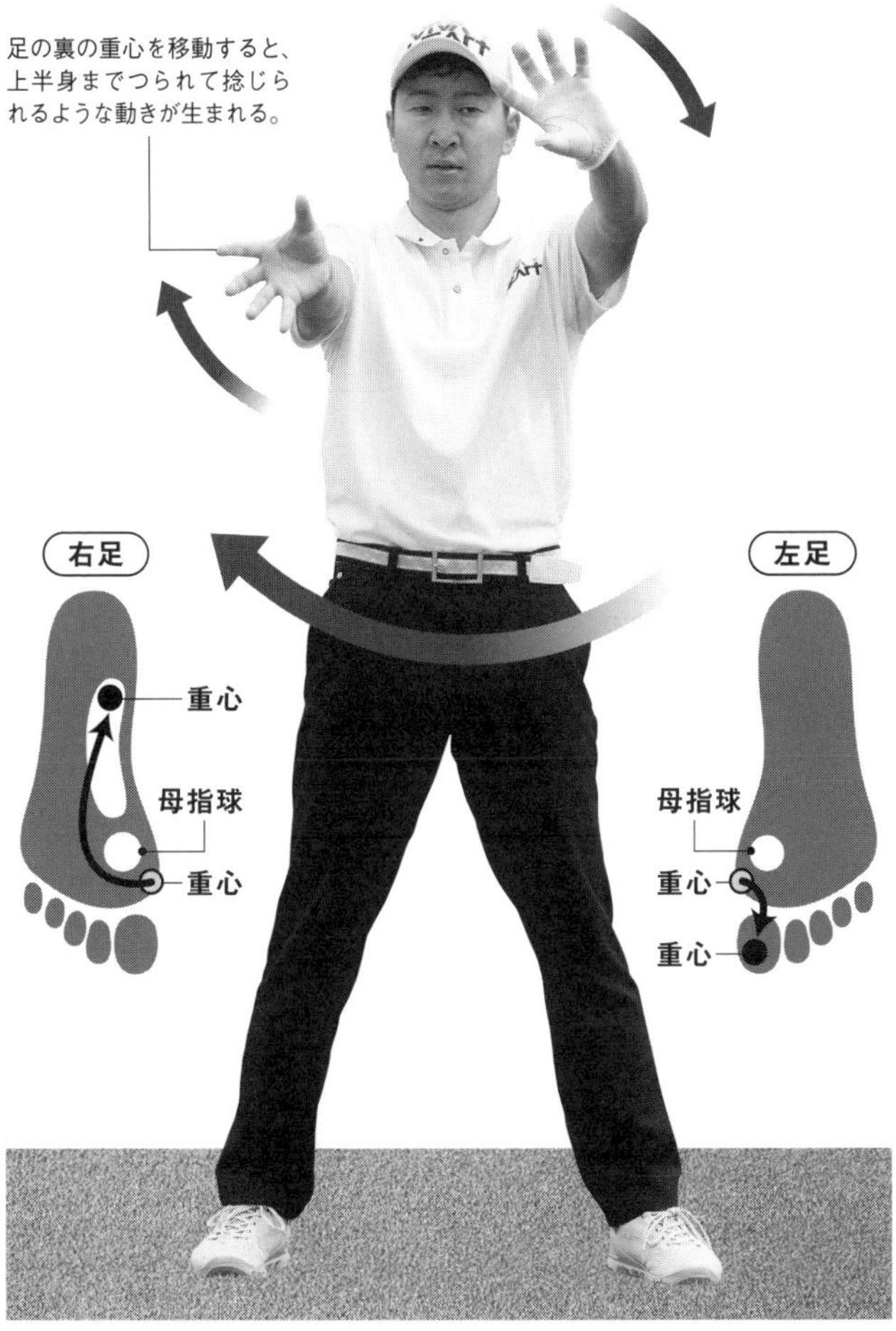

テイクバックでは、右足裏では母指球から親指つけ根の真ん中あたりにある重心が土踏まず後方に移動、左足裏の重心は親指つま先方向に移動することで、身体に右への回転運動が起こる。

まず、上半身の左肩が右に移動することで重たい腕も一緒に右に移動しますから、右への体重移動は自然に行えます。

このとき体重が右に移動する動きに引っ張られ、頭や軸までもが右に移動すると飛ばすためのパワーは生まれません。

つまり、この右への体重移動と同時に、左右の足の裏では別々の重心移動が行われるのです。まず、**右足では母指球と親指つけ根の真ん中あたりにあった重心が土踏まずの後方へ移動します。左足は反対に、母指球と親指のつけ根の真ん中あたりにあった重心が、つま先の方向へ移動するのです。**

これは実際に足の裏が動くわけではありませんが、この重心の前後への移動が、右への体重移動と重なることで、足から腰、上半身への回転運動となって伝わるわけです。

実際に立ってみて、アドレスの形からこの足の裏の動きを実践すると、足の裏の動きにつられて上半身まで捻じられるのがわかるはずです。

この上半身にひねりが加わった状態のとき、**サイコースイングでは、右のお尻の筋肉と右太腿裏のハムストリングの力で、体重移動と回転によって軸が右に引っ張られないように、右外側から内側に向かってエッジを効かします。**

下半身の筋肉で軸の横振れを防ぐ

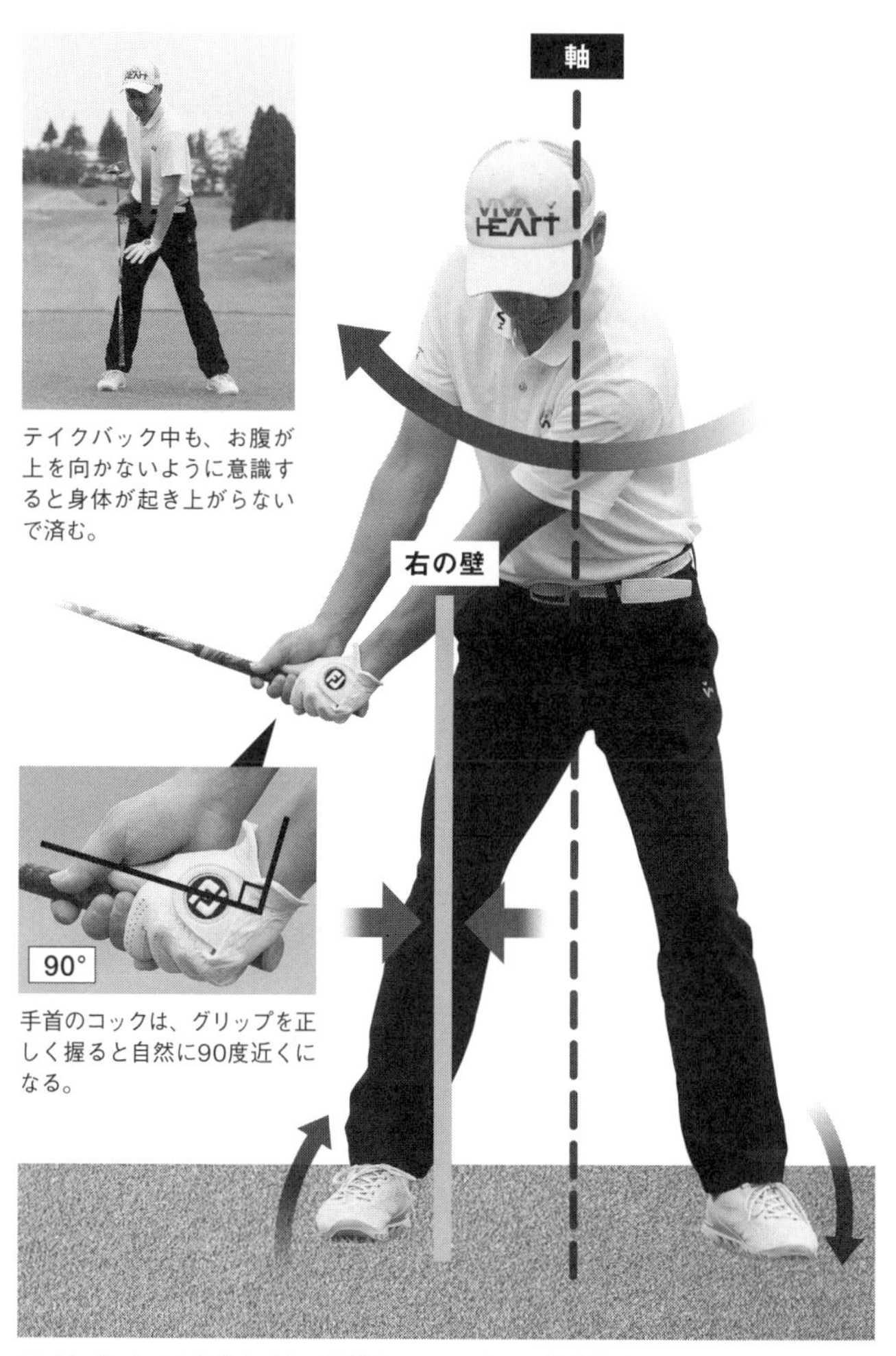

テイクバック中も、お腹が上を向かないように意識すると身体が起き上がらないで済む。

手首のコックは、グリップを正しく握ると自然に90度近くになる。

テイクバックでは上半身が右に移動することで右への体重移動が起こり、足の前後の動きで回転運動も起きるが、下半身の力で右の壁を作り引っ張られないように懸命に耐える。

するとさらに上半身と下半身の捻転差は大きくなり、下半身に蓄積されるパワーも増大するのです。

そのとき、スイング中はお腹が地面を向いていていてみぞおちの前あたりにある重心の力が常に下向きに働いている状態を心がけてください。オーバースイングは禁物です。そうすることで、頭も動かず、軸も安定するのです。

サイコースイングのテイクバックの大きさとしては、手の位置がひざくらい、ヘッドが腰の少し上くらいの小さいスイングで十分です。

足の裏の重心移動と下半身の筋肉の張りを意識しながらこの位置まで上げると、これでも足の筋肉はパンパンに張りギブアップ寸前となるくらいの負荷がかかりますから、スイング効率のよさもピカイチです。

このあとは、スイングは惰性で自然にトップの位置まで上がっていくのですが、下半身はすでに左へ向かう力が働いているという不思議なメカニズムへとつながるのです。

まとめ

小さなテイクバックで最大効率の捻じれを作る

スイング効率の高い小さなテイクバック

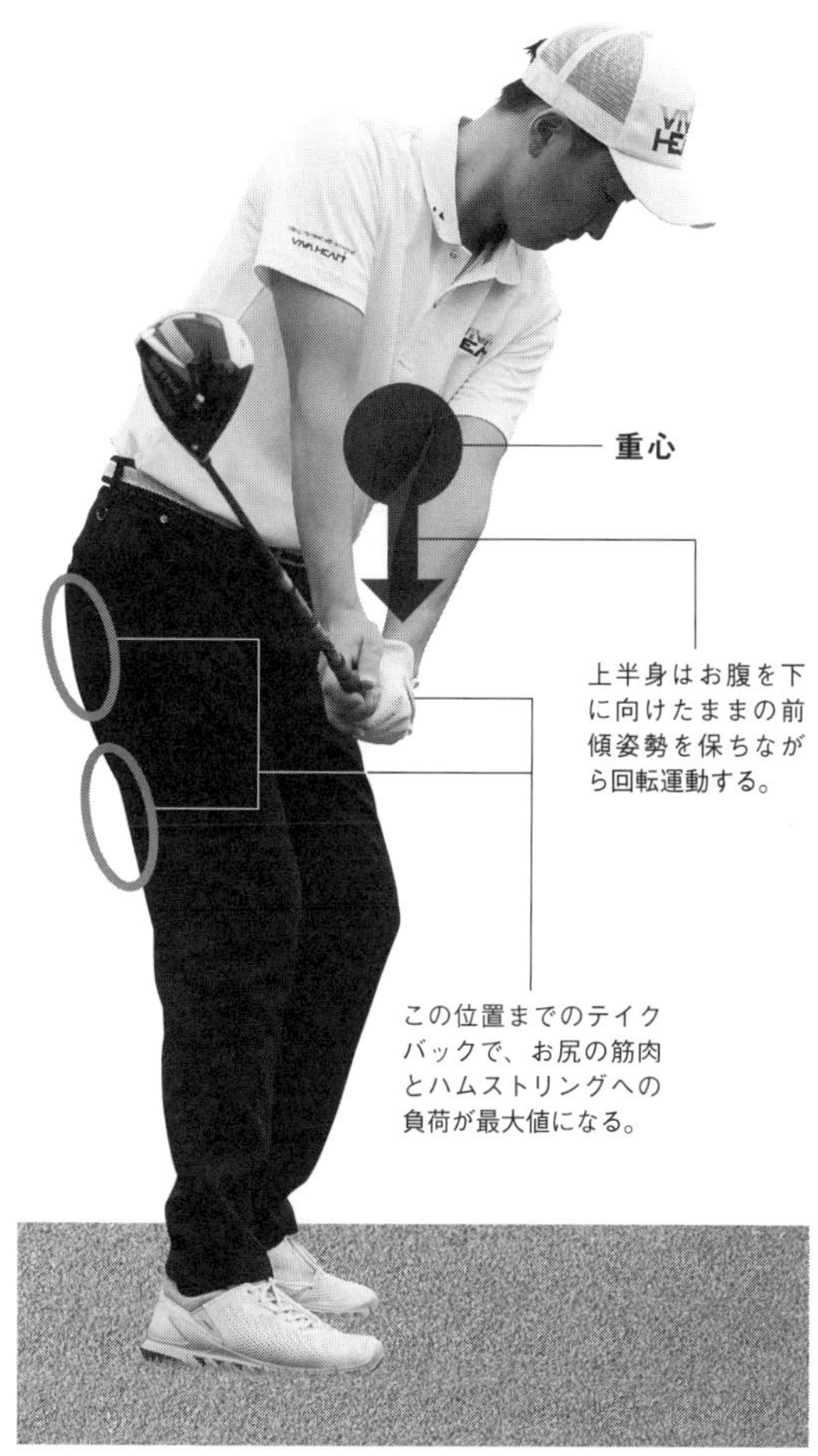

下半身の力を使いお腹を下に向けたままの状態を維持するようにテイクバックすると、手が腰の位置あたりで下半身の筋肉が悲鳴を上げるくらいの負荷がかかるので、小さくて効率のいいスイングになる。

重心移動でクラブを動かす

重心移動とクラブの動き

第1章の「下半身を使った移動と回転」でも話しましたが、この重心移動はサイコースイングにとって最重要項目となりますので、さらに詳しく説明しましょう。

クラブを動かす身体の使い方には、テイクバックからダウンスイングにかけて、①身体の左右への体重移動、②足の裏の前後への重心移動による回転運動、③前傾姿勢をとったとき、みぞおちの前あたりにある身体の重心の上下動という3つの動きがあります。

この動きは、クラブのグリップを指先でつまんでクラブを動かすとよくわかります。

まず**①の動きを分解すると、横への動きです。**アドレスのスタンスをとり、指先でつまんだグリップを身体の胸の正面に置きます。そして左右に身体を揺さぶり体重移動してみましょう。このとき、身体と頭も一緒に動くとクラブの動きは小さいままです。

そこで、今度は頭を動かさないでするとどうでしょう。

クラブは大きく揺れ始めませんか（P66〜67写真）。

これは、振り子の原理と同じで、頭を動かさないことで、クラブが動く方向と反対の方向へと力が働くために大きく振ることができるのです。

今度はこの**クラブの運動に②を連動させる**とどうなるのでしょうか。

足の裏の重心を前後させることでひねりが起きて、右に体重が乗ったときに左肩が入り、左に体重が乗ったときに右肩が入る動きや、右足と左足がクロスするような動きも加わるので、**クラブは少し前後への運動も生まれ、さらに大きく揺れ始めます。**

そして最後に**③の重心の上下動を加えるとクラブにも上下動の動きが伝わり、クラブが自分を中心にアウトサイドインのスイング軌道で8の字を描くように大きく回転させることができる**ようになります。

つまり、胸の前にあるグリップを指先でつまんでいるだけなのに、3つの身体の動きだけでクラブを大きく動かせる力が生まれるのです。この身体の動きとクラブの動きのメカニズムを理解して、腕の力を必要としないサイコースイングを作りましょう。

クラブを動かす身体の使い方

クラブのグリップを指先でつまみ、頭を動かさずに左右に体重移動する。

クラブの動きは徐々に大きくなり、腰の位置あたりまで振れてくる。

足の裏の重心を前後させる動きを加えるとクラブはさらに大きく振れる。

❹
足裏の重心の動きが加わると、クラブは横だけではなく前後にも揺れ始める。
さらに重心の上下の動きを加えると、クラブにも動きが伝わり回転する。
❺
❸身体の重心の上下動
身体の動きで、8の字を描くようにインサイドアウトのスイング軌道で回転。
❻

クラブはてこの原理で扱う

クラブを持ち上げている状態というのは、てこの原理と同じです。

薪割り（まきわり）のスタイルで考えてみましょう。

左手を力点としたとき、右手が支点、斧の先端が作用点になりますが、どのように斧を振り下ろすのでしょうか。

斧を振り上げたあと、左手と右手を同じように薪に向けて振り下ろすと、斧の重さに引っ張られてしまい力も出せず、薪を割ることはできません。

そこで、今度は**右手は固定したまま、左手を自分の方に引き寄せるようにして振り下ろしてみましょう。**すると斧の重さは感じられますが引っ張られることなく、薪に力が伝わり割れるはずです。

つまり左手を自分に引きつけることで斧に力を伝えることができるのです。クラブを振る動きも同じですので、**左手を自分に引きつけるように動かしましょう。**

まとめ

重心移動やてこの原理でクラブを操る

左手は薪割りスタイルで身体に近づける

クラブヘッドを斧に見立てグリップを右手は少し離して握る。左手を自分の方に引き寄せるようにして振り下ろすとヘッドが効率よく回る。

上の動きをスイングに置き換えると、左手を自分に引きつせることでヘッドが後ろから前に回転してくる動きになる。

切り返しとダウンスイング

切り返しでシャフトをしならせる

切り返しというのは、テイクバックでのトップからダウンスイングへ切り替える瞬間のことです。

例えば鞭（むち）をしならせようと思うと、鞭の先端が右方向に向かっているときに、グリップの力を逆の左方向へ働かせることでしなりが生まれます。

つまり**動いているものに対して、逆方向の力を加えることでしなりは生まれるのです。**

切り返しもこれと同じメカニズムです。

テイクバックでクラブヘッドがトップの位置に到達する前に、大きな力でクラブを引き戻すことでシャフトにも大きなしなりが生まれるのです。

このクラブを引き戻す原動力となるのが、下半身の右お尻の筋肉と太腿裏のハムストリングです。

切り返しは鞭をしならせる動きと同じ

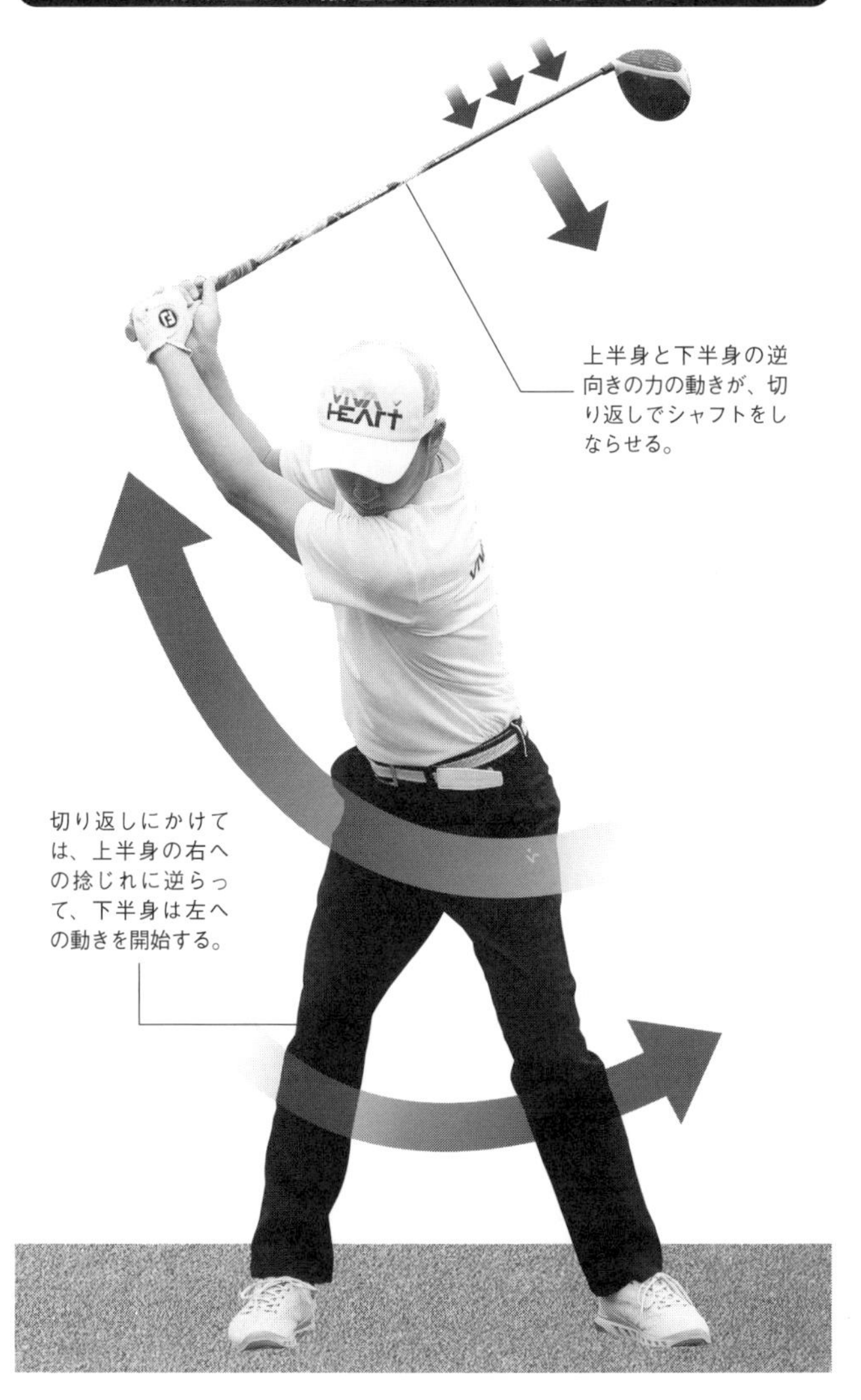

メカニズム的には、上半身の捻じれに耐えて前傾姿勢を懸命にキープしてきた下半身の大きな力が一気に爆発することで、上半身の捻じれが巻き戻され、シャフトをしならせる動きになるのです。

上半身の力で打っている人は、スイングの途中で上半身を巻き戻すことはできませんからしなりが生まれません。

サイコースイングでは、このしなりを伴った切り返しから、ダウンスイングにおけるグリップの動きも最大効率を生む要因として特に注目して欲しい動きです。

先ほどの薪割りスタイルでもいった通り、スイング中に左手グリップを身体に引き寄せると、てこの原理でクラブの回転の効率がよくなるのでヘッドスピードが増し、クラブヘッドも前に出るのです。

サイコースイングでのトップからダウンスイングにかけてのグリップの動きを正面から見ると、手首の角度・コックは変わらないまま右腰のあたりまで移動しています。

今度は後方から見ると、**手元はボールに向かうのではなく、自分の懐（あごの下）に向かって直線的に下りてきています。** つまり薪割りスタイルと同様に非常に効率のいいスイングになっているのです。

ドローボールが打てるグリップの動き

トップの位置からグリップを右腰に直線的に落とすと、左ひじの角度と手首のコックはキープしたまま。この最後までほどけないコックが､大きな飛距離を生む要因のひとつになる。

巻きつくスイングのイメージ。トップからグリップを直線的に懐に落とすには、腕の力ではなく身体の重心と下半身の力を使う。肩、腕、手首に力が入ると、クラブのしなりが使えなくなる。

トップからダウンスイングにかけては、このように手元を自分の懐（あごの下）に向かって直線的に下ろす動きこそ、スイングをインサイドアウトの軌道にさせ、飛距離の出るドローボールが打てるグリップの動きとなるのです。

これはグリップの動きの中でも最重要項目となる動きですのでしっかり覚えてください。

ところで、懐（あごの下）にグリップを落とすためには、トップを迎えたとき、左写真上のように右脇腹あたりに下ろせる空間が必要です。

この空間は、テイクバックからの、右足裏の母指球から土踏まず後方への重心移動に伴う上半身の捻じれで作り上げるものなので、足の動きと連動させて十分な空間ができているか鏡などでチェックしましょう。

サイコースイングでは、「トップから手は下に！」。

これが切り返しのキーワードです。

まとめ

「トップから手は下に！」が切り返しのキーワード

手を下に落とすとヘッドが前に出る

足の裏の重心移動で上半身を回転させる。このとき、下半身のお尻の筋肉やハムストリングが使えていなかったり、手だけで上げたりするようなスイングでは右脇腹あたりの空間はできない。

切り返しから手を下に落とすと❶、背中にあったクラブヘッド（A）が自然に前に出る❷（B）。このとき手が前に出ると、ヘッドが寝るので振り遅れやあおり打ちなどの原因となるので気をつけよう。

飛ばしの最大効率を実現するインパクトを作る

サイコースイングでの、飛ばすためのインパクトの動きを分解すると、「スイング軌道」と「力の方向」の2つの要素があります。

ドライバーでのインパクトの場合、ボールがティーアップされているので、上がり際でクラブヘッドがボールに当たるスイング軌道が、飛ばすための最大効率の動きになります。

これは、インパクトの瞬間だけを意識してもうまくいきません。

インパクトの形は大根を引き抜くイメージ?

これまでもいったように、ドライバーでもアイアンでも、下半身の力を使ってクラブの力を下に向かわせる身体の使い方は同じですが、ドライバーの場合は、プロゴルファーでも右に軸が10度くらい傾くといわれるように、右肩を少し下げた構えをすることで、インパクトの瞬間に少しアッパー軌道になる体勢を最初に作っておくことが重要です。

最初の構えの項目でも説明しましたが、最大効率を実現するスイング軌道は、構え方と、

飛ばしの最大効率を実現する構え

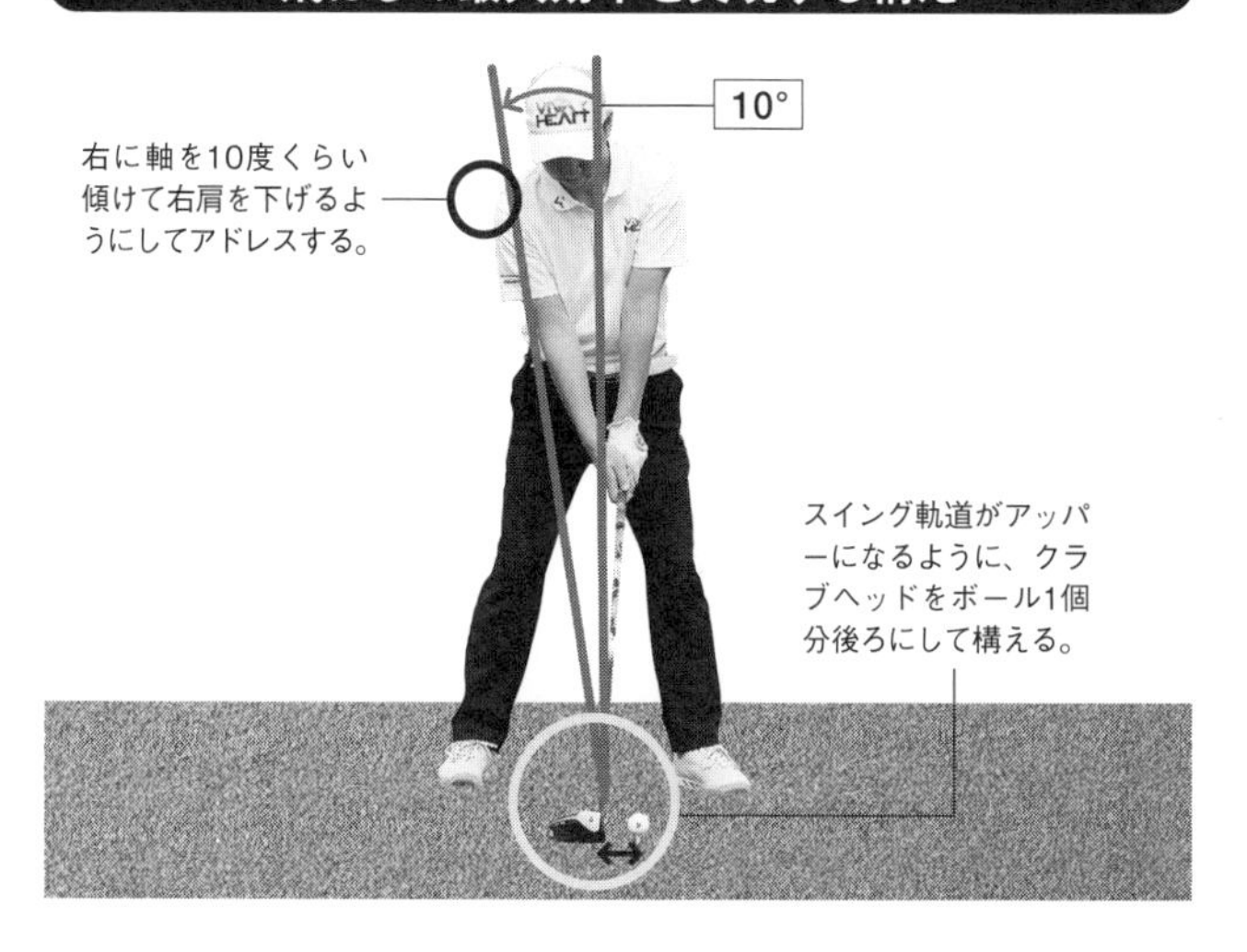

インパクトのスイング軌道

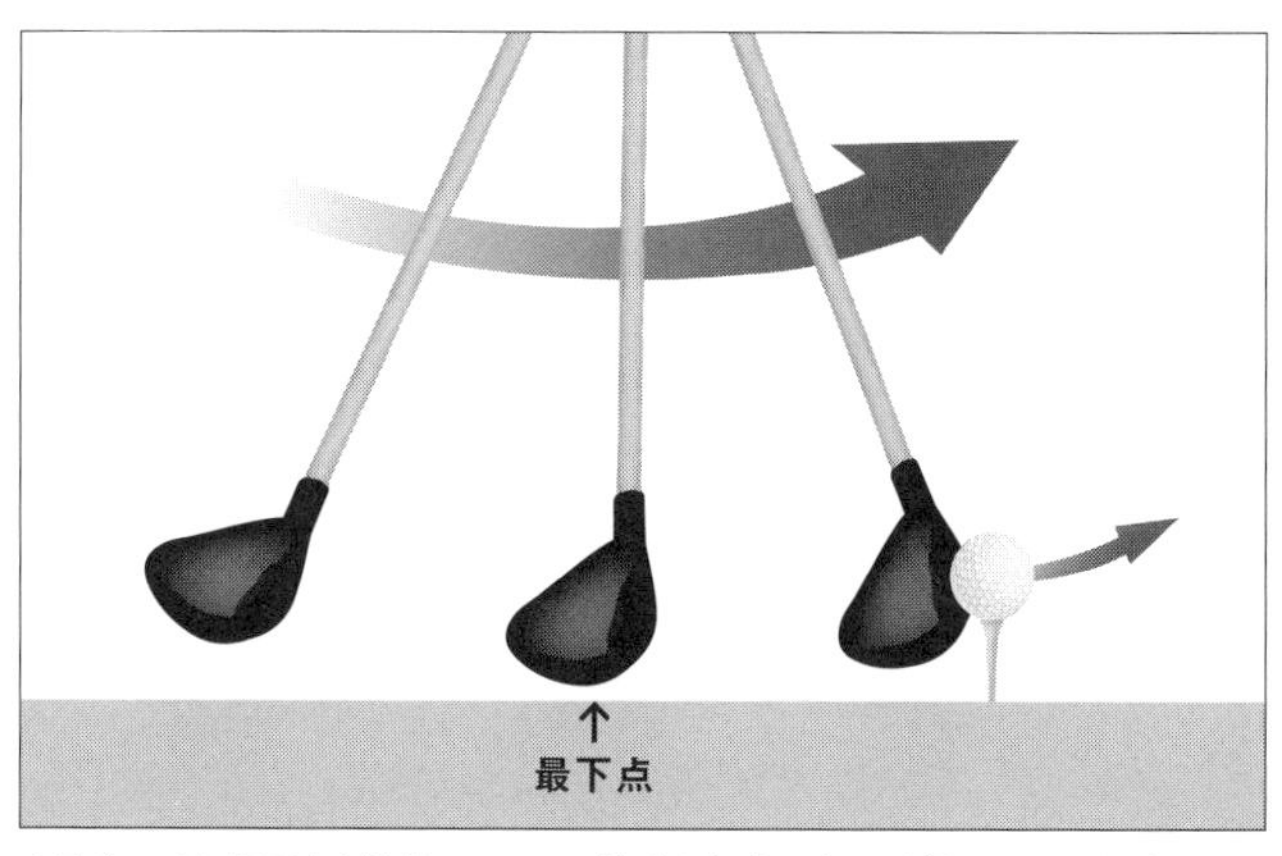

クラブヘッドが最下点を過ぎてフェースが上向き加減でボールを捉えることが、大きな飛びにつながる最大効率のスイング軌道だ。

インパクトで最大の力が出る体勢を作る

○
手が身体の近くにあることでボールに強い力が伝わる。

下半身の力を使うことで、前傾角度が保たれたまま手が下りてインサイドアウトの軌道になり、身体の近くを通ることで力が効率よくクラブに働き、ヘッドスピードが増す。

下半身の力がうまく使えないと上半身や腕の力でボールを打ちにいくことになる。その結果、肩が前に出たり下に落ちたりして手が身体から離れ、あおり打ちやダフリなどになる。

下半身の足の使い方で決まりますので、まずはこの構えをしっかりととりましょう。

もしアドレスで右肩が下がっていないと、インパクトでボールにクラブヘッドを届かせようと手が伸びるため身体が浮き上がり、ボールに力が伝わりません。

次にインパクトでは、その瞬間に最大のパワーがボールに伝わるためのダウンスイング、そして力の方向が重要になってきます。

この働きを果たすのが下半身の動きです。

ダウンスイングのとき身体全体の力の方向は下に向かっており、手もクラブに引っ張られて当然下に向かいますが、**インパクトの瞬間には、今度は手がクラブを引っ張ることでさらに遠心力を高めることができるのです。**つまりヘッドスピードがさらに増すことにつながります。

しかし強力にクラブを引っ張る力は腕力では生み出せません。遠心力も手伝ったクラブの最大パワーに負けないだけの最大パワーを発揮するには下半身の力が必要なのです。

では、どのような力なのでしょう。

皆さんは畑で大根の収穫をしたことはありますか。大根を土から引き抜くとき、手の力だけでは抜けません。また手が身体から離れていても力が出ません。ゴルフも同じで、手

左の壁の主役は左足外側、左ふくらはぎ、左太腿

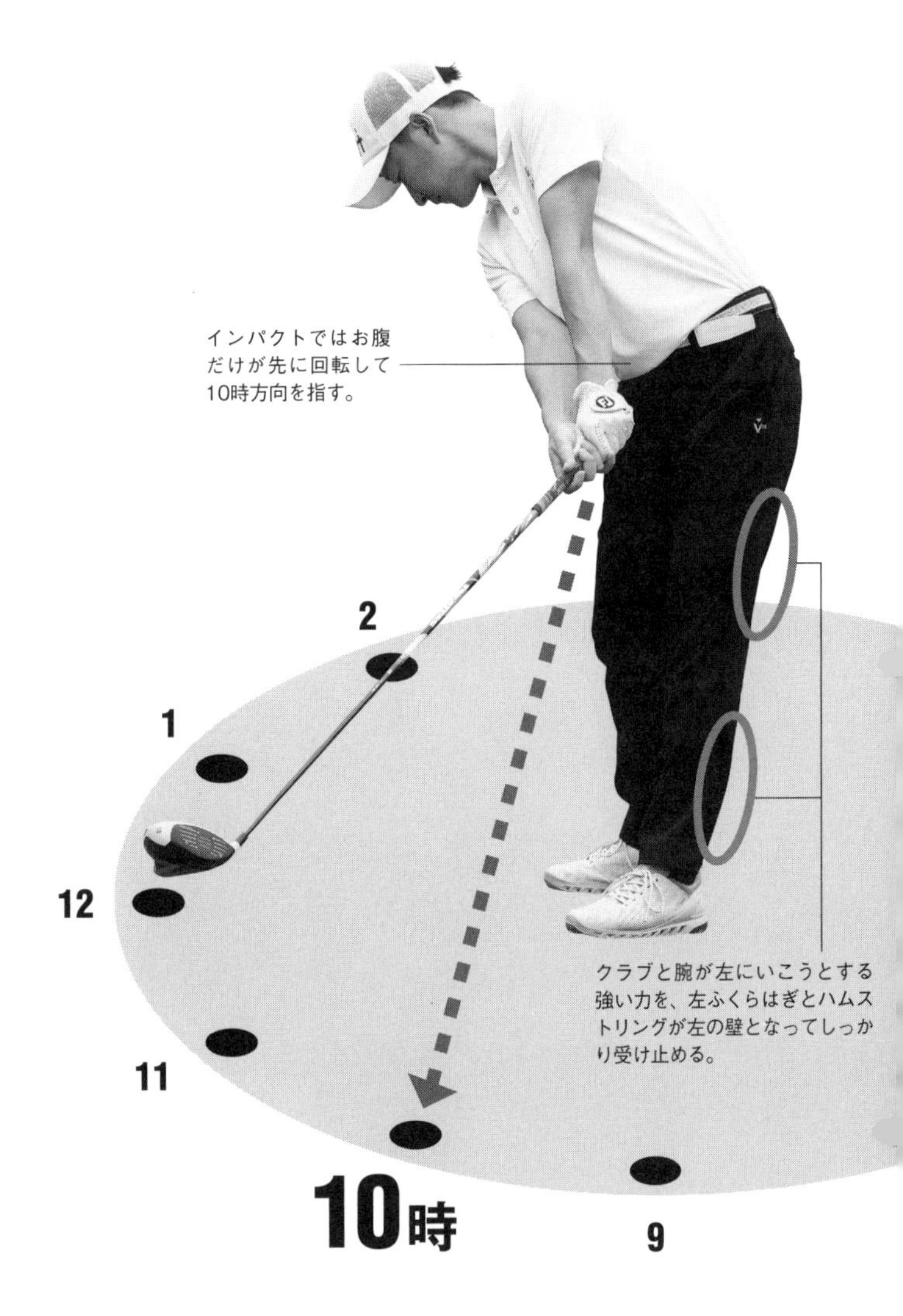

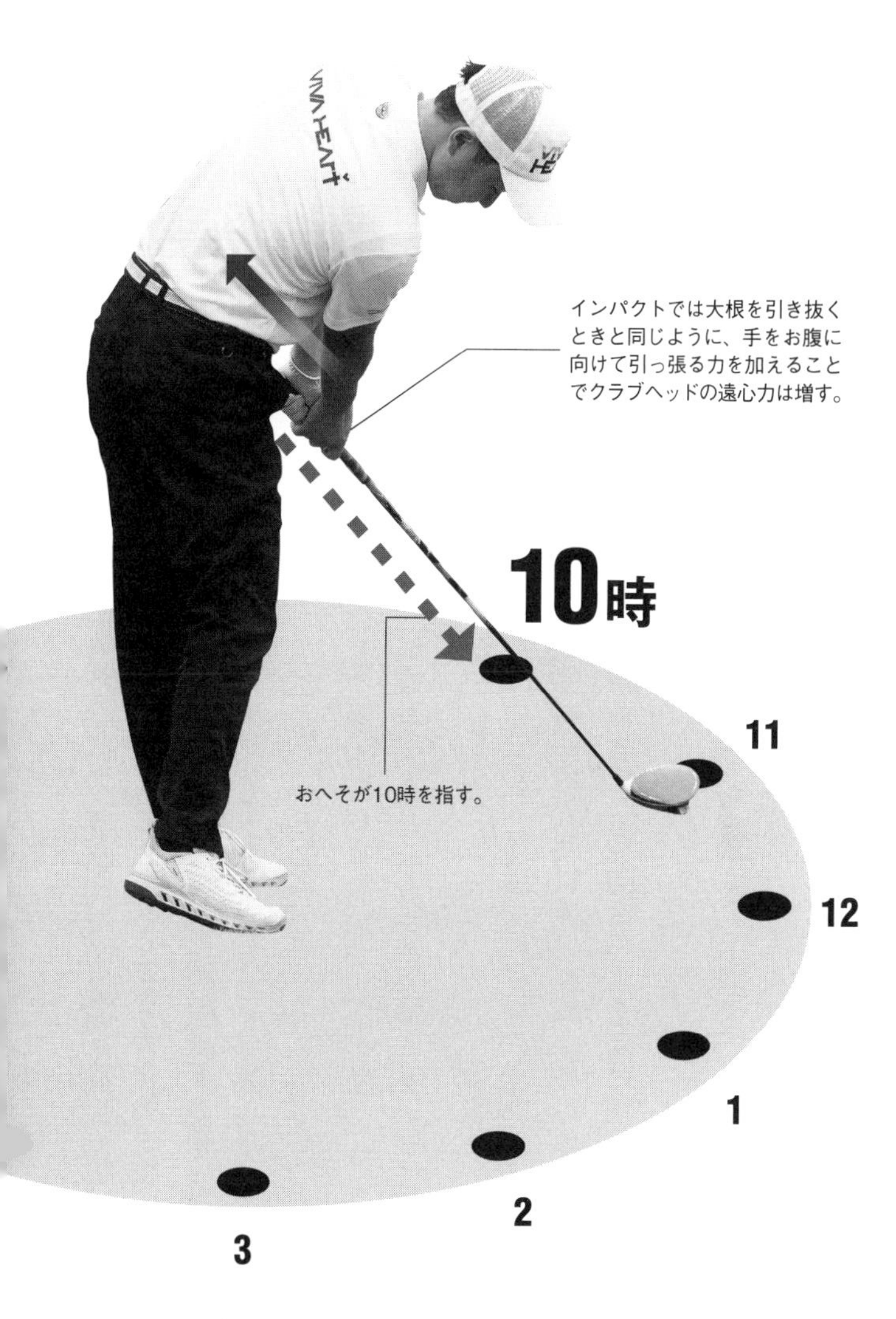
VIVA HEART
インパクトでは大根を引き抜くときと同じように、手をお腹に向けて引っ張る力を加えることでクラブヘッドの遠心力は増す。
10時
おへそが10時を指す。
11
12
1
2
3

や腕の力に頼るのではなく、足腰がしっかりと地面を捉えなければなりません。

まず、**足のつけ根から上半身を曲げて下を向き、ひざを少し緩めて下半身を踏ん張った体勢をとります。そのあと手は身体の中心の下、お腹の真下あたりの引っ張る力が一番強く出せる場所に置き、下半身の踏ん張った状態でスイングするのです。**

しっかりと足腰で地面を捉え、身体全体を効率よく使うことで、大きな力が生まれます。

このときに顔が上を向いていたり、身体が起き上がっている状態では力が入りません。しっかりと身体が下を向いている状態なので、足に力が入り、お腹に力が入り、腕に力が入るのです。

ゴルフの場合はクラブをターゲット方向に振っていかなくてはいけませんから、インパクトの形は、前傾姿勢で頭は動かず、肩のラインは飛球線方向にスクエアかやや開き気味なのに対して、**お腹は先に腕やクラブをリードするために、下向きのまま左に回転し10時の方向を指します**（P80写真）。

このときにインパクト後のクラブも、お腹の向きを追うように、10時の方向に走らすことでインサイドアウトのスイング軌道になりますので、10時の方向を意識してスイングするようにしましょう。

すると、クラブの遠心力が一番強くなる最下点のインパクトの地点から、低く長く出ていく動きをリードしてくれるのです。

それに対して下半身は、上半身が左にいこうとする動きに対して左足でしっかりと受け止める力を働かせ、上半身の突っ込みを抑えることで、**身体がぶれずにヘッドだけを走らせることができるのです。**これが、左の壁といわれるものです。

つまり左足の外側にしっかり体重を乗せて、エッジを効かせて受け止める状態です。

この状態は、**左足のふくらはぎと、左太腿裏のハムストリングに大きな負荷がかかってきますので、しっかりと支えてください。**

私も自分の左右のふくらはぎを比べると、左のふくらはぎの筋肉のほうがかなり発達していますので、サイコースイングでの左の壁は、左のふくらはぎから、太腿にかけてを意識して完成させるようにしてください。

まとめ

インパクトでは左下半身の力で左の壁を作るとヘッドが走る

しっかり止まれるフィニッシュを目指す

足の力で腰を正面に向ける

インパクトのとき、左の壁でスイングの力をしっかりと受け止めたあと、そのまま左足を軸にして身体の正面はターゲットに向かい、フィニッシュを迎えます。

ここで大切なことは、しっかり止まれる体勢を作ることです。

下半身については、フィニッシュでは左足裏の重心は真ん中からややかかと寄りに移動します。でも左足自体は、ふくらはぎの筋肉やハムストリングの力が支えとなって動かしませんので、フィニッシュでは**左足下の外側から足のつけ根にかけてしっかりとした張りを感じるようにしてください。**

また上半身については、自分の身体をまっすぐに保つには腹筋や背筋が必要です。特に腹筋が緩むと、頭が突っ込んだり身体がぶれるので身体を支えられません。**お腹の中心に向かってぐっと力をため込むようなイメージを持ってください。**

下半身と上半身の筋肉でまっすぐに立つ

うまく振れない人の中には、身体が硬いので回らないという人もいらっしゃいますが、そのほとんどの人が上半身から動くために身体がフィニッシュの途中で止まるのです。

ここで、上半身の回転に引っ張られた腰を無理に回そうとすると、腰を痛める原因になります。

下半身から動くと、最後に右足をける動作になりますので、足の力で腰が正面を向き、右足の裏側がきちんとめくれるフィニッシュがとれるのです。

×

上半身の力で腰を回すフィニッシュは腰を痛める原因。

下半身が動かず右肩が落ちるとあおり打ちになる。

上半身から打ちにいくと右肩が出るフィニッシュに。

まとめ

下半身と上半身を連動させれば美しいフィニッシュがとれる

最大効率 サイコースイングを身につけよう

飛ばしのエッセンスが詰まった実践ドリルで、
サイコースイングをマスターしよう！

YouTube「Daichiゴルフ TV」解説動画

P96 「左手は「押す」、右手は「引く」を体感するドリル」

左手はクラブを「押す」、右手は「引く」という、てこの原理を使うことで、腕力に頼らないスイングが可能になることを解説。

P128 「切り返しからの下半身の回転ドリル」

下半身の力でクラブを動かす練習ドリル。上半身の力が入ると手打ちになってボールは引っかかって左に飛ぶなどのミスも解説。

P132 「アーリーリリースを防ぐ体重移動ドリル」

左足を前方にステップさせることで、強制的に上半身と下半身の捻じれを作り、手首のコックがほどけなくなるドリルを解説。

P148 「8の字全身ドリル」

身体が絶えず先行してクラブを引っ張り続けていることを体感できるドリルで、クラブで大きく8の字を描くスイングを解説。

素振りドリル

ゆるゆる素振り練習ドリル

ドリルの最初は、サイコースイングの基本である足からの始動についてです。

まずは身体をゆるゆるの状態にして、どこでも手軽にできるドリルで、下半身と上半身の動き方の違いについて体感しましょう。

クラブを持たない状態で身体の力を抜き、肩幅くらいに足を広げます。

そして、手首を振って柔らかくします（左上写真）。次に肩をゆすって肩の力を抜き、足のつけ根から前傾姿勢をとり、上半身の力も抜いて腕をダラリとたらします。

そのあと軽くひざを曲げてアドレスの形をとり、最初は頭も一緒に左右に身体を動かしてみてください。このとき頭と一緒に身体全体も左右に同じように動くはずです。

今度は、頭は動かさず足からゆっくりと動かしてみましょう（左下写真）。するとどうですか。

全身の力を抜くゆるゆる素振り練習ドリル

【手首ゆるゆる】

両腕を身体の前に立て、手首を振って硬さをほぐす。

手首の柔らかさはスイングスピードをアップするために役立つので、日常でも行おう。

【全身ゆるゆる】

下半身の動きより腕の振りが遅れることを体感しよう。

全身の力を抜き、下半身から身体をゆっくり動かそう。

下半身と上半身の基本的な動きが自宅でもつかめる、簡単だけどとっても重要なドリルだ。

下半身の動きにつられて上半身も動きますが、少し腕の振りが遅れてついてくるのがわかります。

次にこの足の左右の動きに、第1章、第2章で紹介した足裏の重心の前後への移動を加えてみてください。すると上半身の動きはさらに大きくなり、下半身の動きよりも腕の振りはもっと遅れるはずです。

これがスイングにおける下半身と上半身の身体の動きになるのです。

今度はこの動きを、クラブを持って同じように手首を緩めて、頭は動かさず足を左右に動かしましょう。

腕にクラブの重さが手伝って振り子の働きを大きくするので、下半身の動きに対してクラブはさらに遅れてくるのがよくわかるはずです。

そして足の前後の動きを加えてください。

手の力は使っていないのでクラブは腰のあたりまでしか振れませんが、このときにクラブが足の動きとは一瞬逆方向の動きになることを感じとることができましたか。

つまり下半身リードの体重移動をすることで、下半身と上半身がお互い逆方向の動きになり、クラブに効率よく力が伝わるのです。

まとめ

下半身と上半身の動きの違いを頭と身体で理解しよう

クラブの重さを感じながら行う

腕や肩、手首の力感を適度に保ち、下半身リードを体感しよう。

スローモーション素振りドリル

正しく筋肉が動かせているかどうかを自分でチェックするのに効果的な方法が、スローモーション素振りドリルです。

スイングの動きをスローモーションで再現すると、使っている筋肉にかなり大きな負荷がかかるので、動かすべき筋肉が順番に正しく使えているかがすぐわかります。

例えばテイクバックの動きを、まずはクラブを持たないで身体だけを使ったスローモーションの動きで再現してみましょう。

サイコースイングでは、バックスイングは手が腰の位置までくるとおしまいで、あとは惰性でトップまで上がるという意識ですから、ドリルでも同じく手が腰の位置にくるまでの動きになります。

この運動はゆっくりやればやるほどきつくなりますので、時間の目安としては、**テイクバックを4秒かけて行い、手が腕の位置までできたら3秒止まり、そこからインパクトまでを4秒かけて行い、そのあとフィニッシュまでを4秒かけて行います。**テイクバックでは、これまで通り、左の足裏の重心位置は母指球と親指つけ根の中間から親指つま先方向へ、右の足裏の重心は母指球と親指つけ根の中間から土踏まず後方へと前後に移動します。そ

スローモーション素振りドリル

うすることで生まれる回転運動を上半身に連動させながら、お腹を下に向けたままゆっくり右に捻じることで**右お尻の筋肉と太腿裏のハムストリングが張ってきます。**

そして**次に腹筋と右脇腹の筋肉が張ってきて、手が腰の位置まできた状態で3秒止めたときは悶絶するくらいきつい状態になります。**もし息ができないくらいの辛さがなければ正しい捻じれになっていないと思ってください。

そのあと今度は捻じれをゆっくりと4秒かけて戻し、両手が身体の正面に下りてきたときに、インパクトで頭は動かず軸がしっかり残っているか、肩はちゃんとスクエアになっているか、お腹は10時の方向を指しているかをチェックします。

ここでは、**インパクトでは左ふくらはぎの筋肉と左太腿裏のハムストリングの強い張り、フォロースルーからフィニッシュにかけては腹筋と左脇腹が痛くなるほどの張り**を感じることができればOKです。

このあとクラブを持って普通の速さで素振りをすると、ついやっているつもりになってしまいがちなので、クラブを持ってもう一度ゆっくりと同じドリルを繰り返しましょう。

これは1回行うと30球のボールを打った分くらいの疲労感があると思いますので、**どの筋肉が疲れたかを知ることによって、正しい動きを実感できる**のです。

まとめ

疲労した筋肉の箇所を知ることで、正しい動きを学ぶ

クラブでのスローモーション素振り

【トップ】

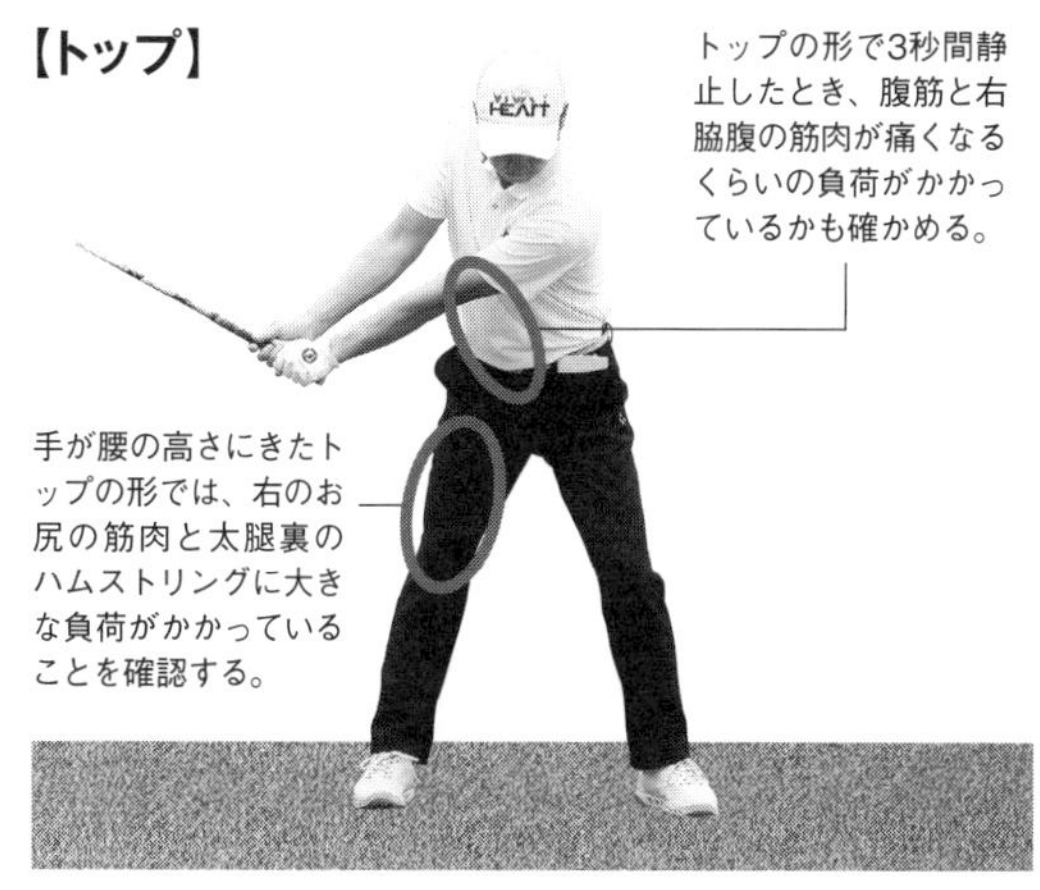

トップの形で3秒間静止したとき、腹筋と右脇腹の筋肉が痛くなるくらいの負荷がかかっているかも確かめる。
手が腰の高さにきたトップの形では、右のお尻の筋肉と太腿裏のハムストリングに大きな負荷がかかっていることを確認する。

1回のドリルで30球のボールを打ったくらいの筋力とエネルギーを使う。

【インパクト】

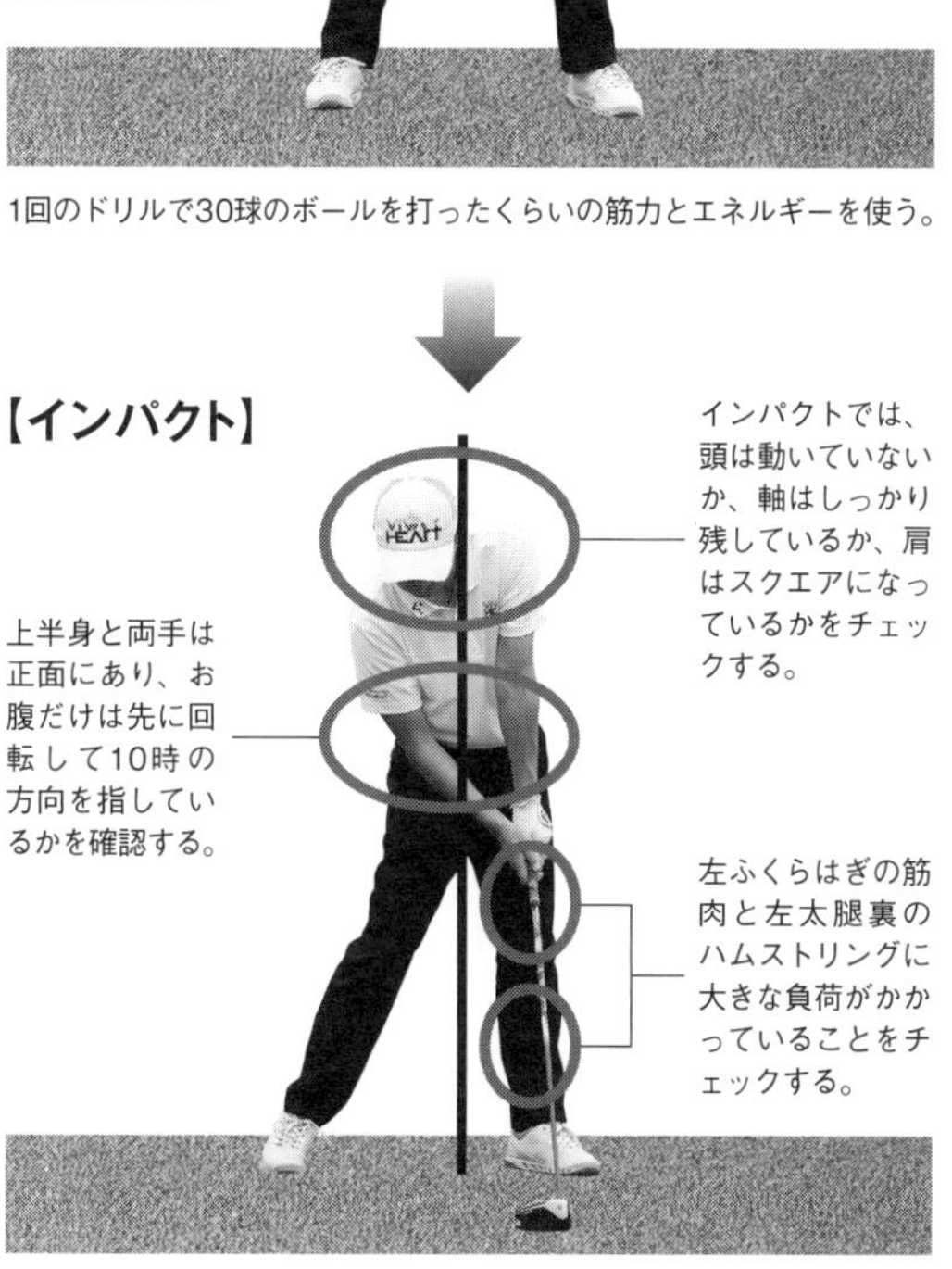

左手は「押す」、右手は「引く」を体感するドリル

下半身リードの身体の動きにおいて上半身の余計な力を抜くことは大切ですが、力を抜いた状態でも足、体幹、肩、腕、手首、シャフト、ヘッドの各部位が最低限の力でつながっていて、いつでも動ける状態になっていなくてはいけません。

部位のつながりがどこかで途切れると、力の伝動がなくなりスイングがバラバラになるので、最大効率は望めないのです。

下半身と上半身に一体感を持たせる最低限の力とは、**持ち上げたクラブをそのまま維持することができる力**のことです。

まず立ったまま両手でクラブを持ち、肩の力は抜いてください。

次に軽く脇を締めてクラブを持ち上げ、グリップを自分の胸から腰あたりの正面に持ってきて、ヘッドを上の方向にしてクラブを立ててください。

このとき、上半身が前後にふらつかないように、わずかに腹筋に力を入れます。

そして、肩の力は抜いているので、軽く締めた両脇の下に力が入り、腕にもクラブを支える力が働いています。

これが下半身から上半身の各部位がわずかな力でつながっている状態です（左上写真）。

腕力だけではなく、上半身の一体感でクラブを支える

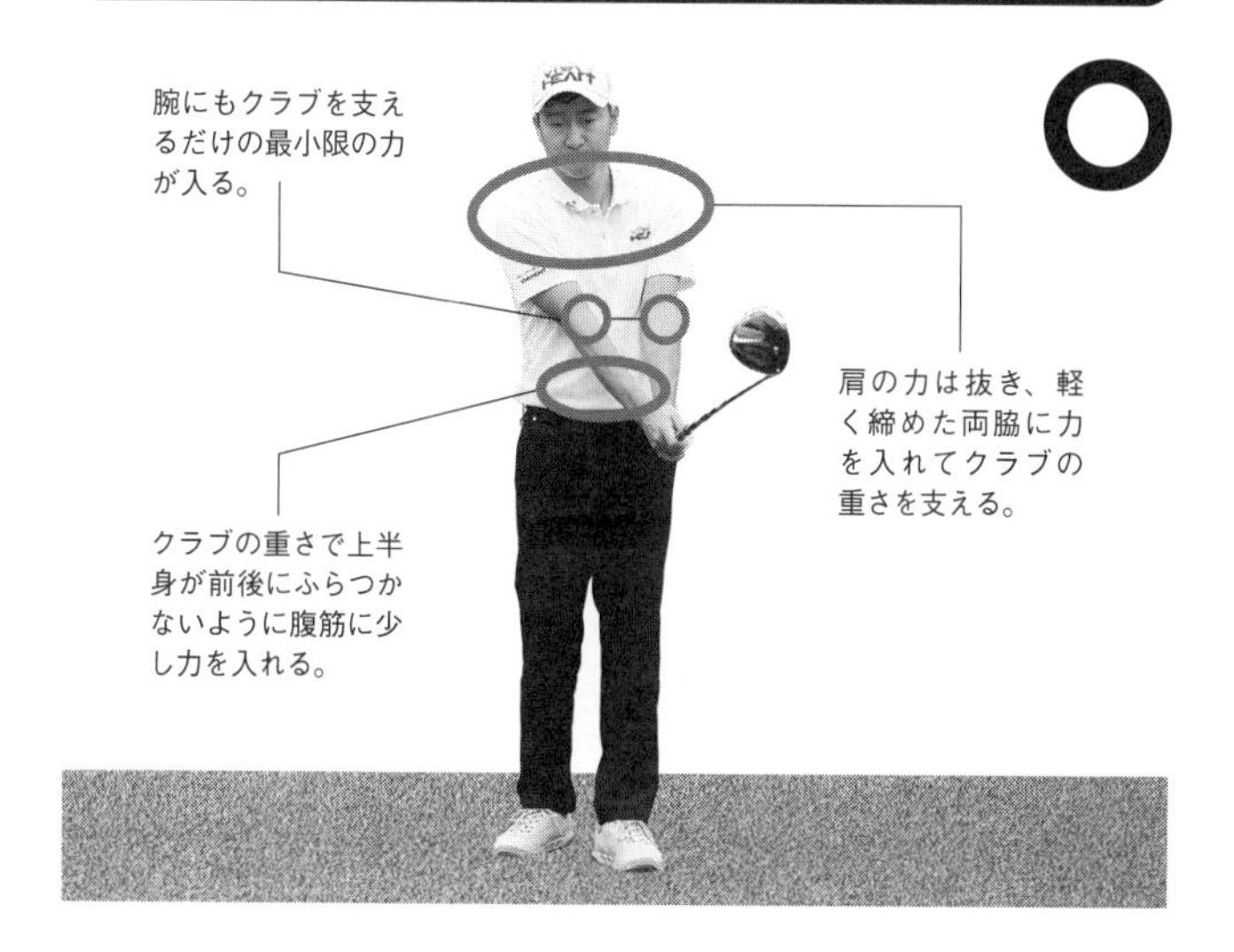

ここで、腕の力をすべて抜いてみましょう。するとクラブはどうなりましたか。クラブの重みでヘッドから下に落ちてしまいますね（P97下写真）。

そこで、今度は腕の力を最低限にして、左手はグリップを押す、右手はグリップを引くという動作をしてみてください。

腕には力を入れていないのに、手の「押す」と「引く」の動きでクラブが下に落ちずに支えられているのがわかるはずです。

つまり、クラブを持ち上げる動きは腕で上げるのではなく、**左手は押す、右手は引くというてこの原理を用いた動作で行う**ことが、腕力に頼らないサイコースイングの動きとな

クラブヘッドを左右に振りながら左右の両手の動作を確認する。

スイング中、身体とクラブに一体感が生まれればOK。

左手は「押す」、右手は「引く」を体感するドリル

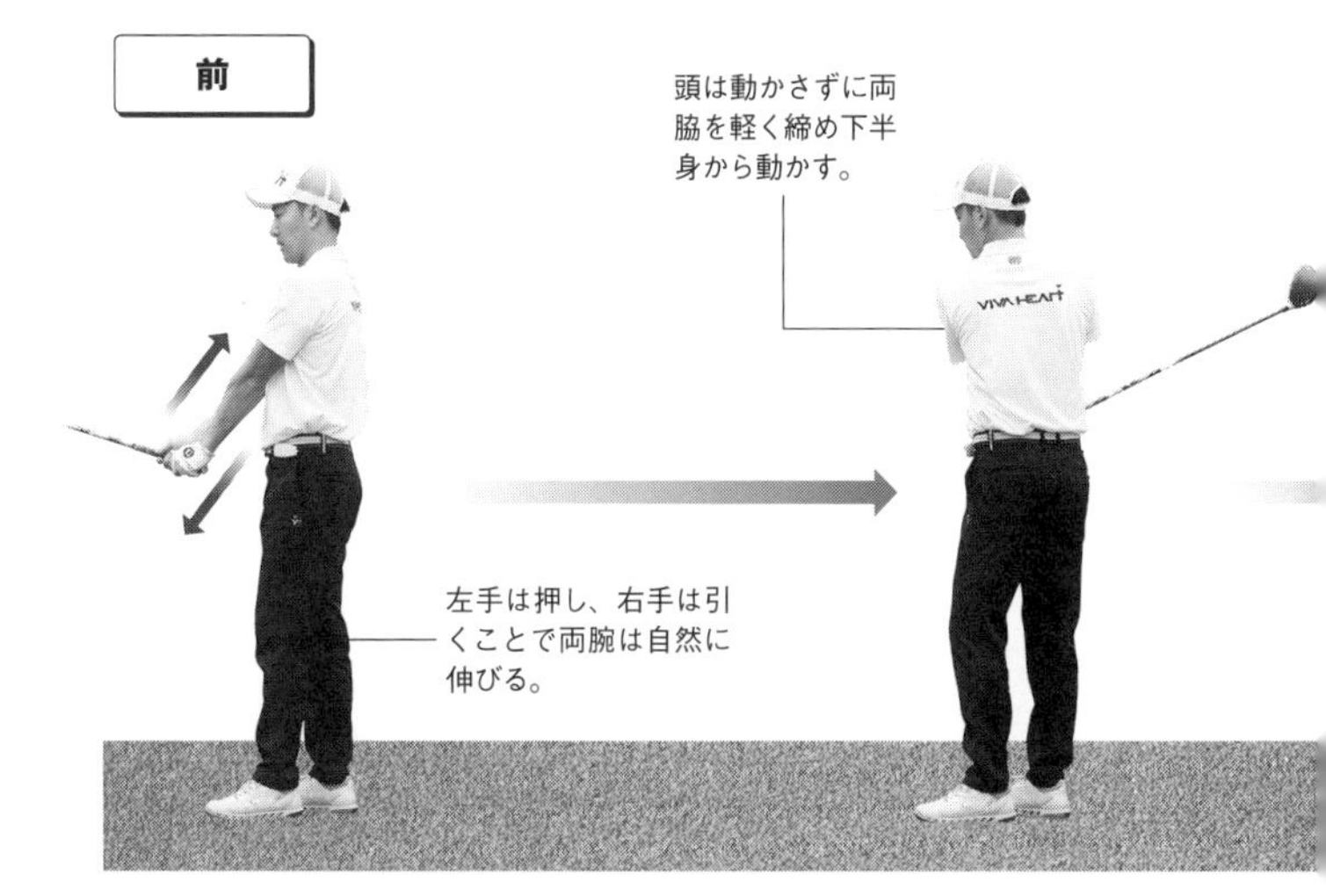

てこの原理で小さな力を大きな動きに変える

肩の力を抜き、右手の指をクラブに置いて、左手でグリップを押す。
力点
支点

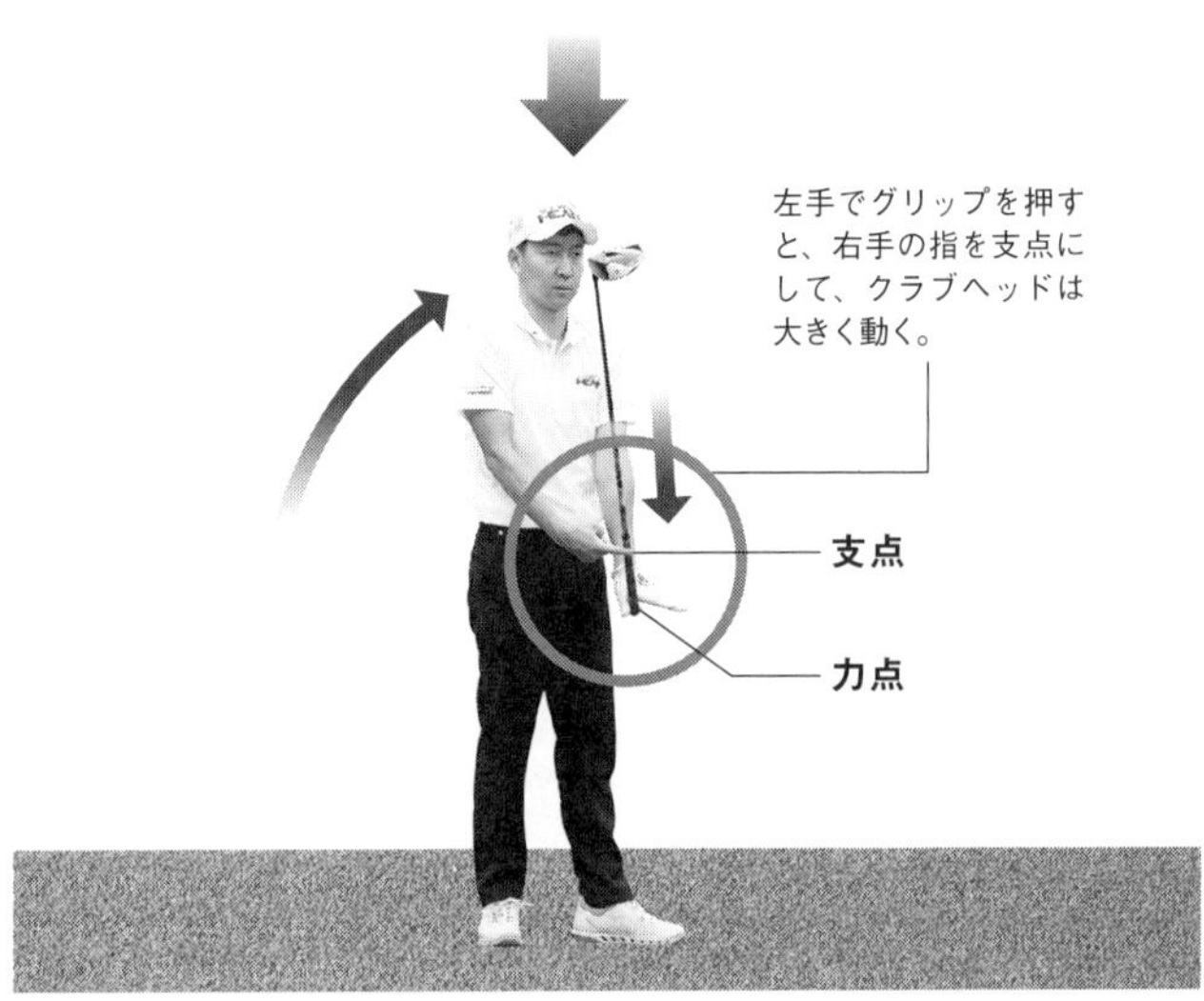

左手でグリップを押すと、右手の指を支点にして、クラブヘッドは大きく動く。
支点
力点

左手は押す、右手は引くという動きには、てこの原理が働いている。この働きを利用すると、腕力に頼らないでも、小さな力でクラブが大きく動かせることをドリルで体感しよう。

るのです。

この体勢のままクラブを左右に動かすと、腕の力で動かすよりも、クラブと身体との一体感をより得ることができるはずです。

テイクバックからダウンスイングまで、スイング中の手の動きはすべて、左手は押す、右手は引くの動作になりますから、このドリルで両手の使い方をしっかりとマスターしましょう。

腕に力が入りすぎたり、左手は押す、右手は引くという両手の役割が、それぞれ同じになったり逆になったりすると、クラブと身体に一体感が生まれないのでスイングが崩れる。

まとめ

左手は「押す」、右手は「引く」の動きでクラブの重さを支える

正しいアドレスがとれるドリル

アドレス完成までのセットの手順

ドライバーのアドレスでアマチュアの方に多い間違いは、右肩が前に出る形です。

これは右手のグリップが左手より下になるため、そのまま手を伸ばすと当然右肩が前に出る格好になることが理由です。このアドレスをとってしまうと、バックスイングでは肩が十分に回らずアウトサイドインの軌道になるため弱々しいスライスボールになったり、ダウンスイングで右肩や手が先に出るので突っ込みやあおり打ちの原因にもなります。

右肩を出さないためには、右肩を少し下げて右手を伸ばしながらグリップするのが正解です。正しいアドレスがとれていないとスイング全体に影響を及ぼすので、最大効率のスイングは望めません。

まずは初めにアドレスありきです。

そこで、ここでは正しいアドレスがとれるための手順を紹介しましょう。

正しいアドレスがとれるドリル

1
両足を揃えて頭まで一直線になるようにまっすぐに立つ。
ボールとヘッドの向きが正しいか真上から確認する。

両足を閉じてボールを真ん中にセットする。右手にクラブを持ち、フェース面がボールと目標を結んだラインに対して開いたり閉じたりせず、まっすぐになっているかを確認する。

正しいアドレスがとれるドリル

3
2
右手はそのままで揃えた両足の右足だけ移動する。
ポイント❶
左つま先を15度くらい開き、左足かかと線上にボールを置く。

頭は動かさないで、上から見てボールが左足かかと線上にあるかを確認する。

右足を肩幅が入るくらいに広げ、右手グリップは左足つけ根の位置に。

右肩を少し下げるようにして右手を近づけてグリップに添える。

右手で持っていたグリップを、位置はそのままで左手に持ち変える。

ボールをティーアップしている分、スイング軌道ではアッパー気味に当たるようにヘッドはボール1個分後ろにセットする。重心はやや右寄りで、ボールを右から見る感じになる。

プロもアドレスに入るときには、ルーティーンに沿って行うように、自分なりのルーティーンを作ることが、スムーズにアドレスを完成させるうえでは重要なのです。

これを一度覚えると、あとはその手順通りに行うことで、毎回正しいアドレスを完成させることができますから、ぜひ覚えてください。

まず、これは多くの人が実践していると思いますが、ボールの後ろに立って目標を定めたあと、ボールと目標を結んだラインに足、腰、肩のラインを平行にして立ちます。

サイコースイングにおいて、正しいアドレス完成までのセットの手順で重要なのは次のポイント3つです。

❶左つま先は15度くらいオープンにして、左足かかと線上にボールをセットする。

❷左手のグリップエンドは左足つけ根に置く。

❸右肩を少し下げるようにしながら右手を近づけてグリップに添える。

この3つのポイントをドリルでもしっかりと確認しながら、セットしましょう。

まとめ

サイコースイングへの近道は最初にアドレスの完成ありき

最大効率のテイクバックとスイングプレーン

左手で押し込んでクラブを上げる

テイクバックの始動で大切なポイントは、**クラブを手で上げないということです。**

つまり、腕の力や上半身の力でヒョイと上げてはいけません。


左手を広げ、掌をグリップエンドに当てる。


スイング中は、クラブを左手は押す、右手は引くという動作を続けることが力に頼らない最大効率のスイングになるといいましたが、テイクバックの始動も同じです。

では、どうするのか？

ドリルで解説していきましょう。

まず、上写真のように左手をパーの形に開き、グリップエンドに当てます。

最大効率のテイクバックドリル

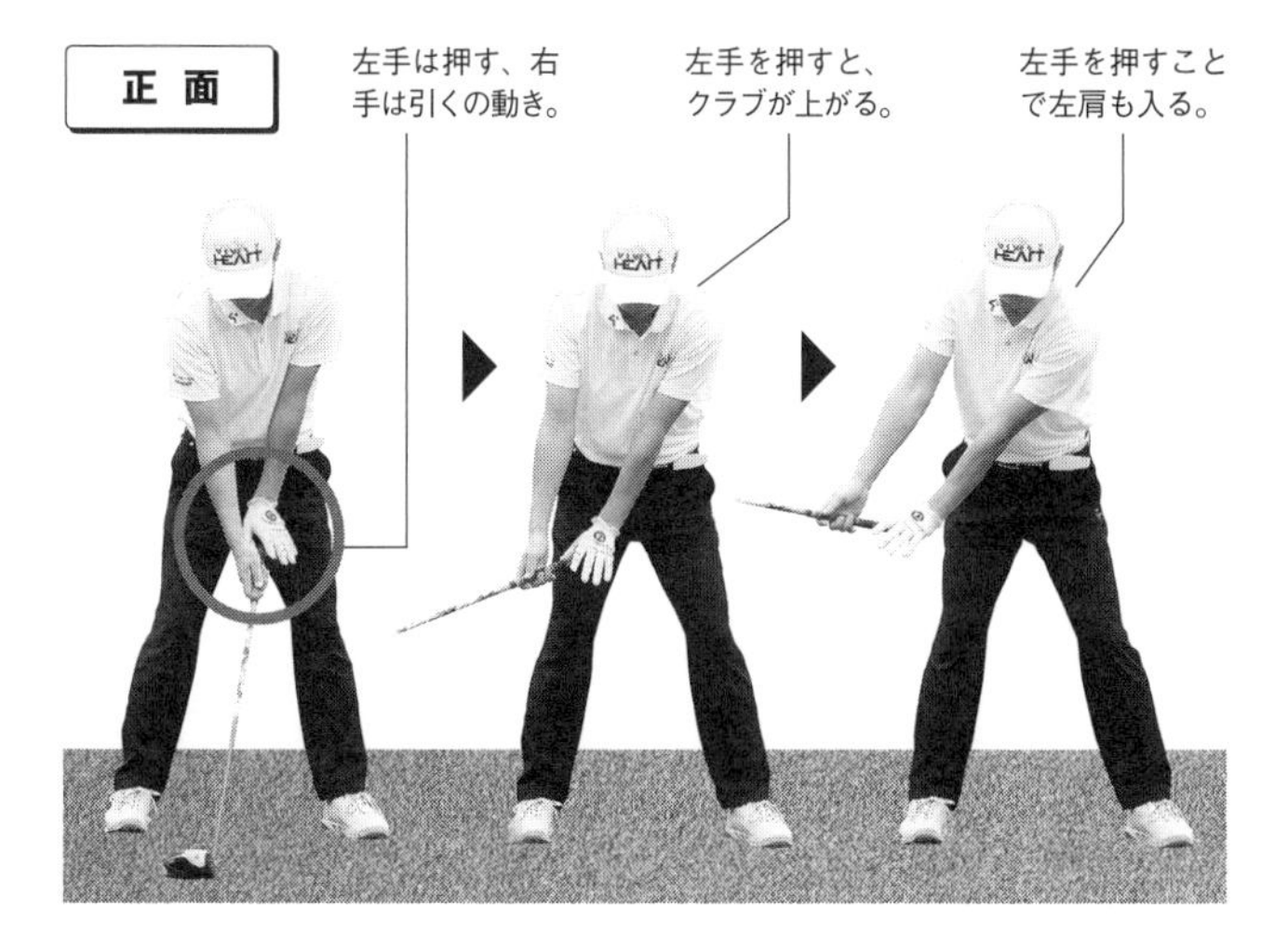

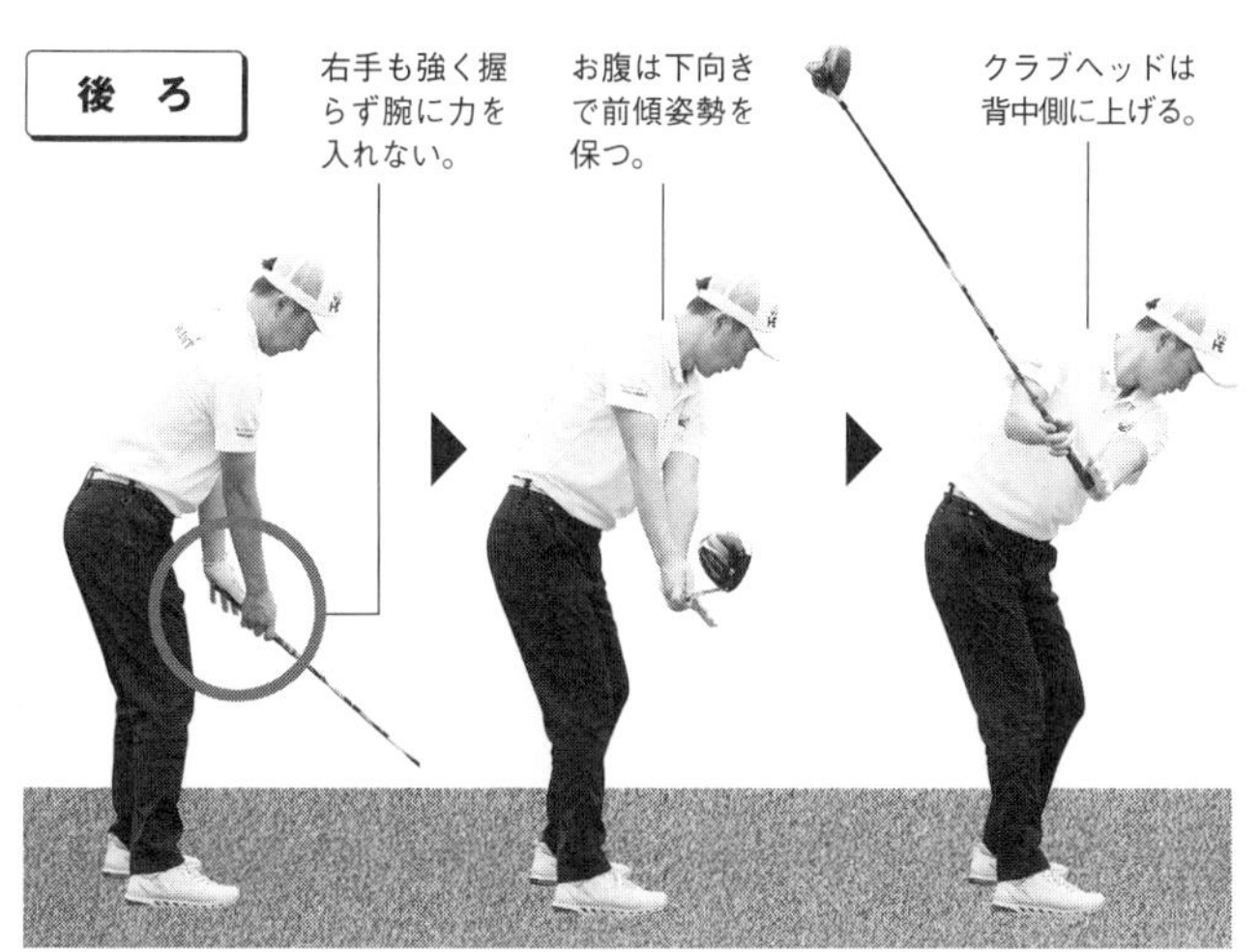

腕の力や肩でクラブを上げると身体が起き上がるので注意しよう。

そのままアドレスをとり、クラブを上げてみてください。クラブが重たく感じられるはずです。

今度は、左手を下にグッと押し込んでみましょう。

すると右手はクラブに対して引くの動作をするので、クラブは左の掌で押し込んでいるにもかかわらず、クラブヘッドは簡単に背中側に上がっていくのです。

98ページでも解説しましたが、**てこの原理で右手が支点となり、力点の左手を押し込**

てこの原理でクラブを上げる

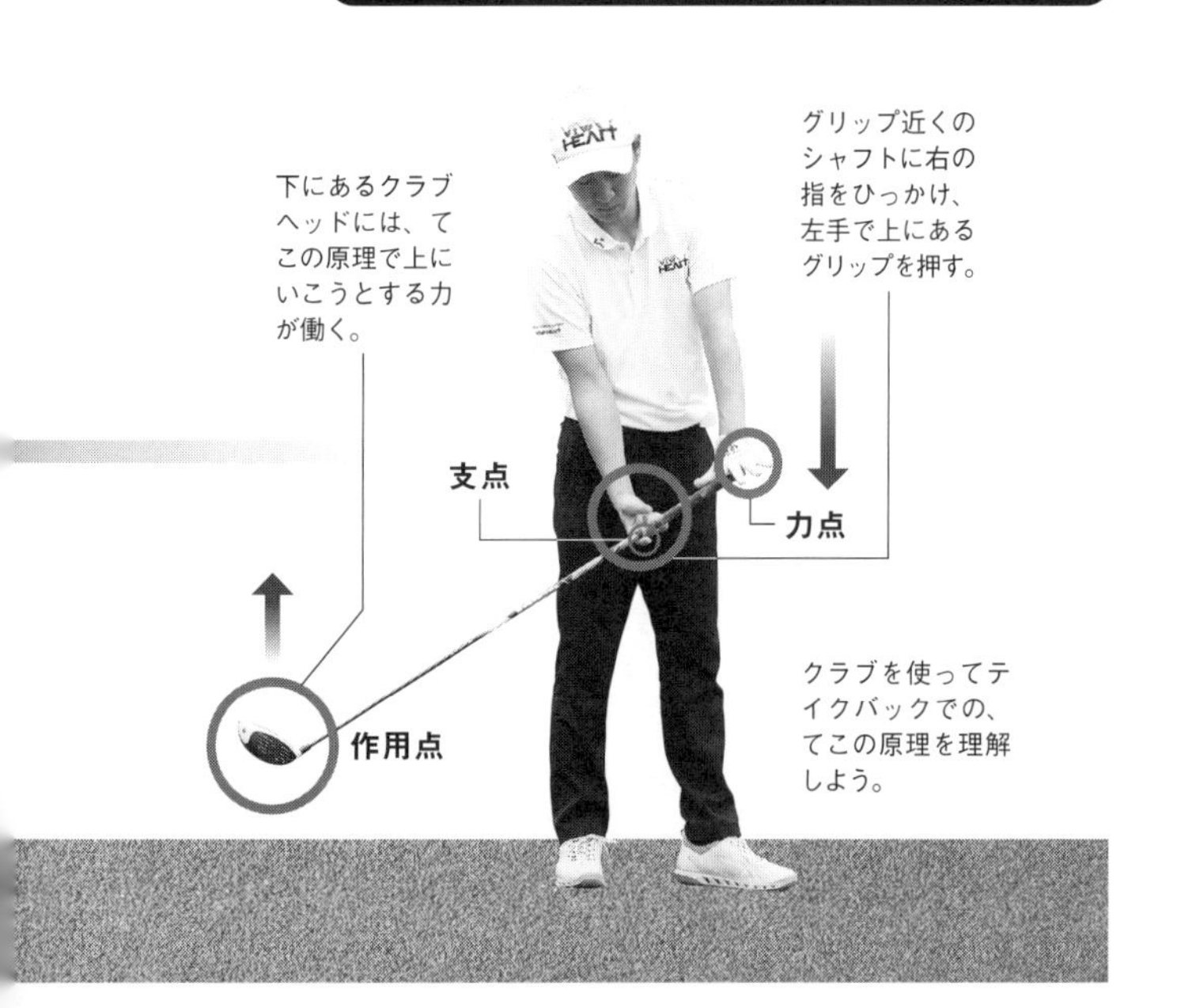

むことで作用点にあたるクラブヘッドが上がるのです。

左手をグッと押し込むときには当然左肩もついていきますから、結果として左肩もきちんと入って回転する正しいテイクバックとなります。

てこの原理を利用することで、力のいらない最大効率のテイクバックの始動が行えることを、このドリルでぜひ体感してください。

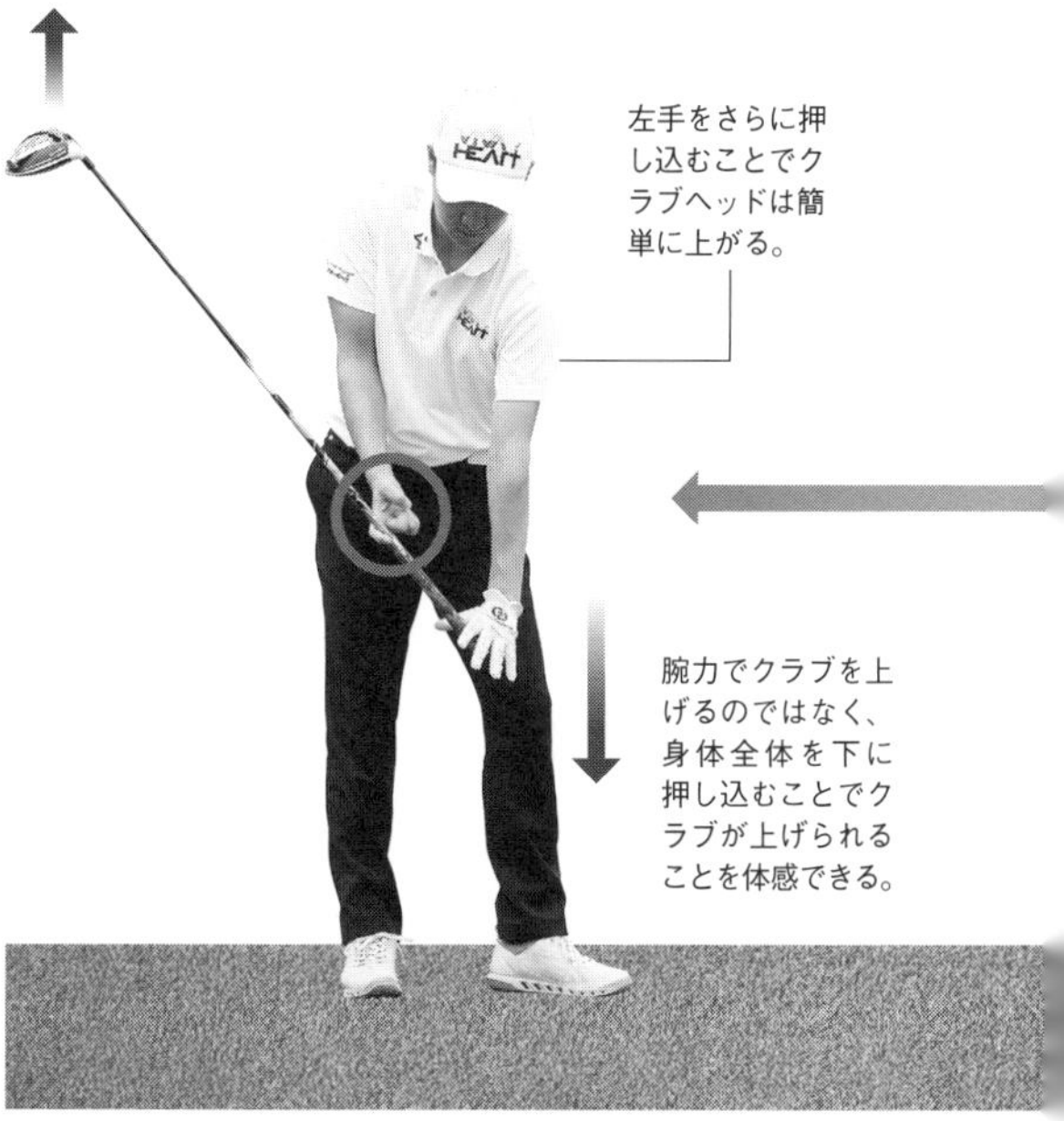

左手をさらに押し込むことでクラブヘッドは簡単に上がる。

腕力でクラブを上げるのではなく、身体全体を下に押し込むことでクラブが上げられることを体感できる。

まとめ

左手を押すと、てこの原理で右手が支点となりクラブが上がる

インサイドアウトで打つためのドリル

インサイドアウトのスイング軌道を知るためには、右足を後方に下げて、クローズドスタンスにして構え、スイングするドリルが有効です。

インサイドアウトで打つためのドリル

テイクバックのとき、右脇腹に空間があることを確認する。

トップから手を、右懐の空間を利用してまっすぐ下に落とす。

手を落とす方向は右足のつけ根。

何度もいいますが、アマチュアの悩みで多いのがアウトサイドインのスイング軌道です。この原因は、腕の力や上半身の力でボールを当てにいこうとするため、右肩が前に出て、手が高い位置からボールに向かうためです。

つまり下半身の力を使えていないので、回転運動が起こっていないのです。反対にインサイドアウトのスイング軌道は、下半身の力を使って手を高い位置から低い位置に引っ張ってくることでクラブが身体に巻きつき、身体の回転運動に引っ張られてクラブヘッドのほうから前に出るのです。

手を高い位置から低い位置に引っ張ってくるには、テイクバックからトップにかけて、右足のつけ根あたりに手元を下ろせるスペースを作ることが重要になります。

ところが上半身で打つアウトサイドインのスイング軌道ではスペースは作れません。

そこで右足を1足分引いてクローズドスタンスにすることで、その右懐のスペースを最初から作っておくのです。

このアドレスをとると手を下に落とすことができるので、インサイドアウトのスイング軌道を意識できるようになります。

まずはこのドリルで、**手は下に落とすという意識をつかみましょう。**

まとめ

クローズドスタンスにしてインサイドアウトの軌道を知ろう

アウトサイドインのスイング軌道

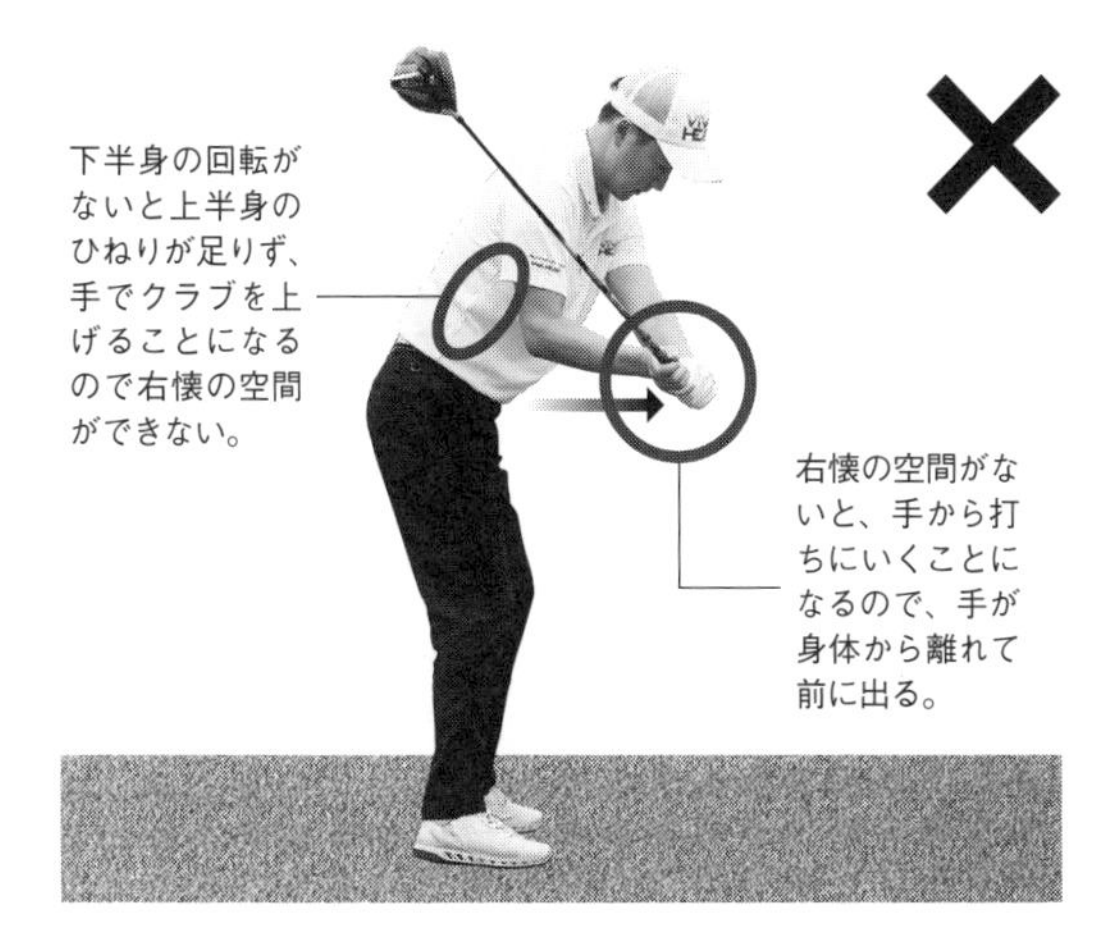

右懐のスペースができないとインサイドアウトの軌道にはならない。

小さいスイングプレーンで打つドリル

クローズドスタンスでインサイドアウトのスイングが体感できたら、今度は小さい動きで、下半身と腕、クラブが連動したインサイドアウトのスイングプレーンを学んでいきましょう。

これは**下半身が小さな回転運動をすることで、クラブが身体に巻きつくように動くことが体感できる**ドリルとなっています。

まずテイクバックで手が腰のあたりにくる位置の構えからのスタートになります。

このときの構えは左写真のように、肩は約90度右向き、シャフトは地面から15度から30度上の方向に傾き、ヘッドは背中側にあります。

この構えから、**右ひじを右脇腹にくっつけてください。**

この格好でボールを打とうとすると、手だけでは打てませんから下半身からの回転が必要になってきます。

つまり、腕の力を使えなくすることで、下半身主導のスイングを学ぶのです。

まずはこの状態から、右ひじは身体にくっつけたまま、右手のグリップを右足のつけ根に落とすのです。

最初から腕の力を使えないようにすることで、身体の回転でクラブを巻きとっていくイメージがつかめる。右ひじはインパクトの直前まで右脇腹にくっつけたままにしておく。

小さいスイングプレーンで打つドリル

2
グリップを右足のつけ根に当てるようにする。
1
テイクバックでグリップが腰の位置にきたところで止め、ここからスタートする。

写真で見ると簡単そうに見えるが、多くのアマチュアは下半身の回転が使えていないので、実際に行うとかなり難しい。まずはボールを打たないでゆっくりした動きから始めよう。

お腹はずっと下向きのままでキープするが、インパクトの瞬間、おへその位置は10時方向を指す。おへそと同じ方向にクラブを出していくとインサイドアウトの軌道になる。

すると**クラブは下半身の回転とともに身体に巻きつくように下りてきて、クラブヘッドが勝手に前に出ます。**

この一連の動作ができるようになると今度はスピードを上げていきます。このとき、手の力は使えませんから下半身のパワーを最大限に高めてください。

するとクラブのしなりを感じるとともに、クラブが身体に巻きついてくるイメージがさらに大きく膨らむはずです。

そしてスピードを上げた状態で同じ動作を5回くらい繰り返したあと、今度は最後の振りで実際にボールを打ってみましょう。

このとき、インパクトでは左腕は伸びたままですが、脇にくっつけた右ひじをフォローにかけて伸ばします。

ここで、もしインパクトの直前で上半身の力で打とうとする意識が働くと手が浮いてボールにはうまく当たりません。空振りする人も多いはずです。

最後まで下半身のリードで回転することでボールがつかまえられれば、インサイドアウトの軌道になり、15度右方向に飛ぶストレートボールが出るようになります。

イメージ的には地味なドリルですが、スイング軌道の確認には効果絶大なのです。

右ひじが離れると手打ちスイングになる

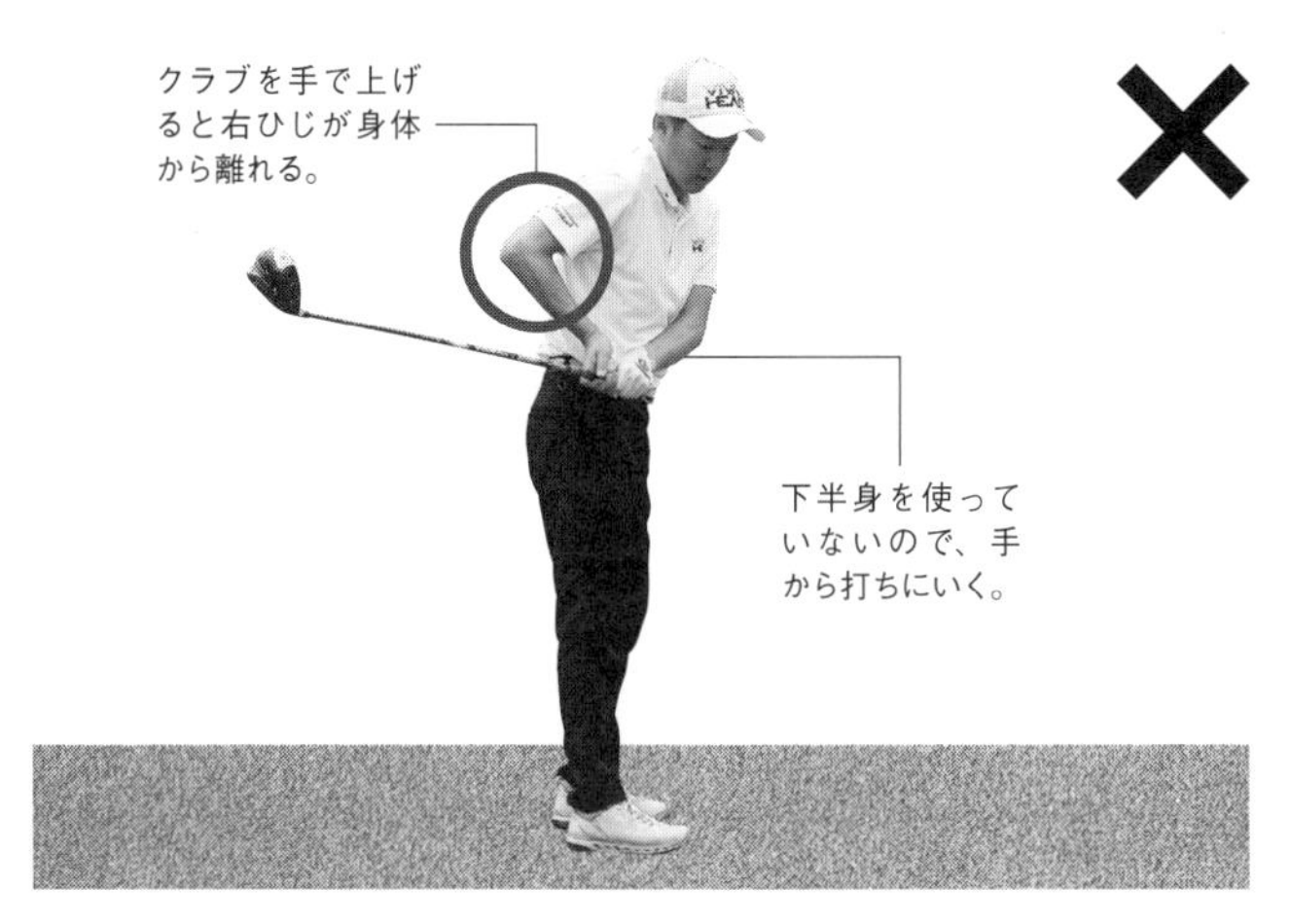

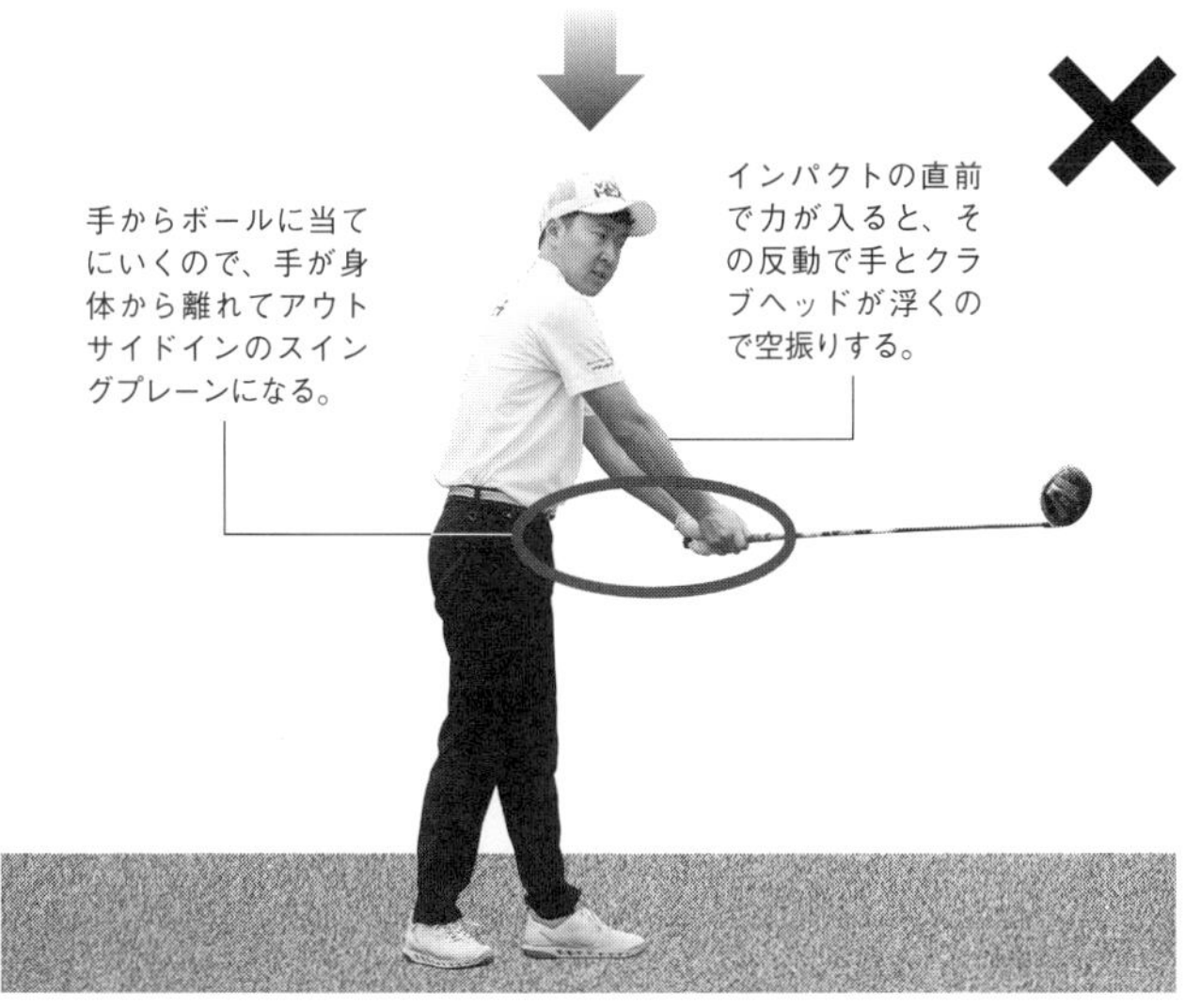

下半身が使えないと必ず上半身からボールに向かうので、アウトサイドインの軌道になる。

ドリルで学んだ下半身の動きでクラブを巻きつける

1
ドリルでの小さいクラブの動きを、今度はトップの位置から同じように再現する。
4
フォローからフィニッシュにかけては、下半身からの左の壁でクラブに働く遠心力が増し、クラブが身体に巻きついた美しいフィニッシュになる。

まとめ

下半身の小さな動きでインサイドアウトのスイング軌道を学ぶ

下半身リードで右ひじを身体にくっつけるようにして手を真下に落とす。

下半身リードの動きのため、右腕を伸ばすとクラブがインサイドアウトの軌道で身体に巻きつくようについてくる。

重心移動をドリルで学ぶ

重心移動体感ドリル

スイング中の体重移動と重心移動については前の章で何度も触れています。しかし、サイコースイングを学ぶにはとても大切なことなので、もう一度おさらいしておきましょう。

まず、①テイクバックで体重が右に乗っていき、ダウンスイングで体重が左に乗っていく体重移動。

次に、②足の裏の重心が前後に移動する重心移動。これはテイクバックでは、左足裏の母指球あたりにある重心がつま先の方向へ移動し、右足裏の重心は母指球あたりから土踏まず後方へ移動することで、身体を右にひねる回転運動につながります。そしてダウンスイングでは足の裏の重心は反対の方向への動きになります。

最後が③上下の重心移動です。これはアドレスのとき、みぞおちのあたりに硬いゴムの球体の重心があるイメージを持ってください。

テイクバックではこの球体が上方向に捻じられながら引っ張られることでほんの少しだけ重心が斜め上方向に伸びた楕円になるイメージです。

ダウンスイングでは元に戻ろうとする強い力となるので重心は下向きに働きます。そしてインパクトのあとフォローからフィニッシュにかけては、また身体が上に引っ張られるので下半身の力で懸命に耐えようとするのですが、やはり斜め上方向に少しだけ伸びた楕円になるというイメージです。

スイング中は、この3つの動きを同時に行うのですが、ここで重要なことは**頭を動かさないでこの動きを行う**ことです。

つまり頭が動けば、全身が同じ方向に動くことになりますからパワーが流れてしまいます。**頭を動かさないように下半身の力で耐えてパワーを溜めるのです。**

今回のドリルはスイング中の重心移動を学ぶためのものですが、スイング中に頭が動いていないかどうかを、自分でも簡単にチェックできるようにしてあります。

これはクラブを持たないでできるドリルなので、自宅でも簡単にできます。

鏡などの前で、たまに顔を上げてチェックすると頭の動きが一目瞭然ですので、より効果も高まるはずです。

重心移動体感ドリル

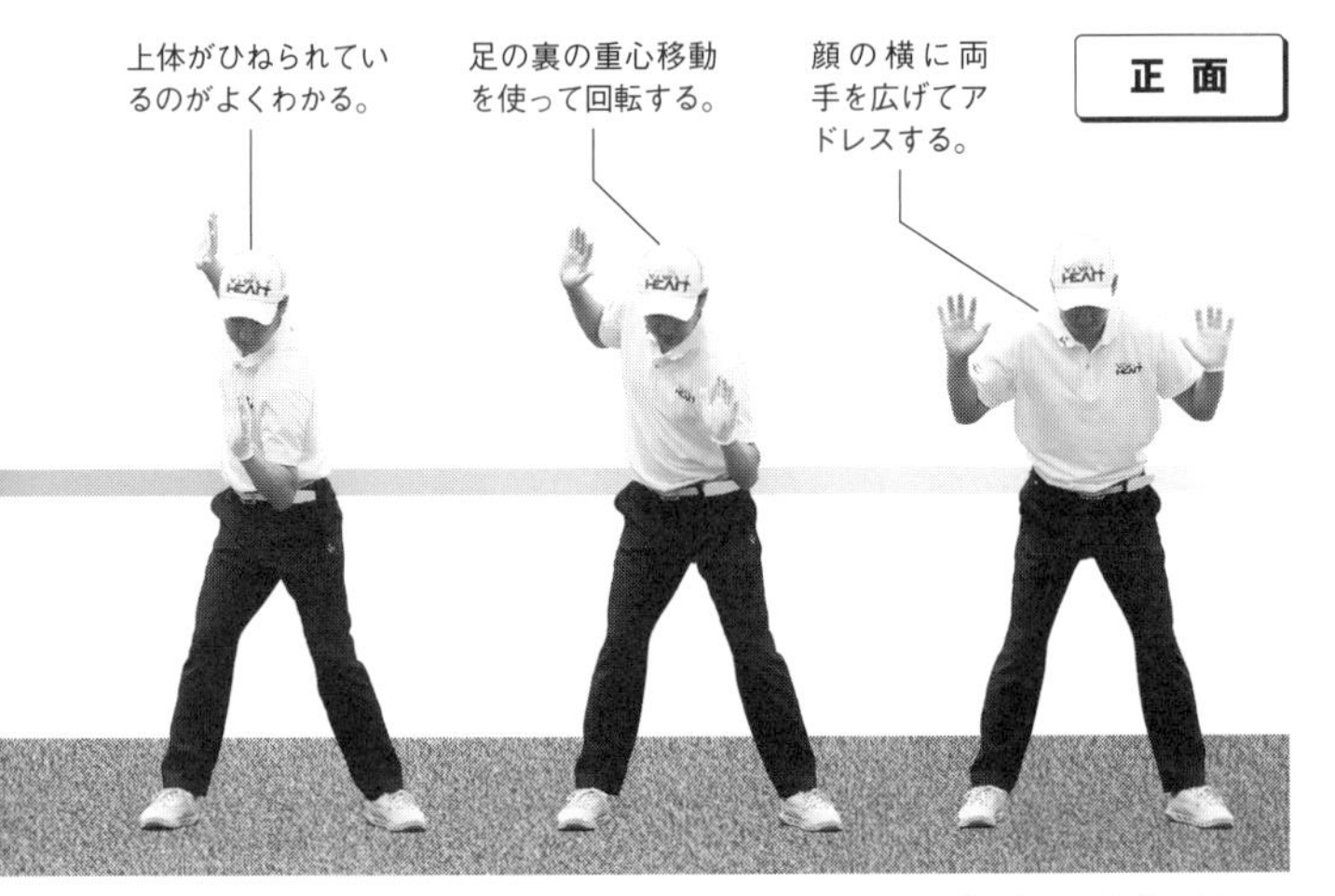

両手を広げると右への体重移動とともに右脇腹の張りがより強くなるのを感じよう。

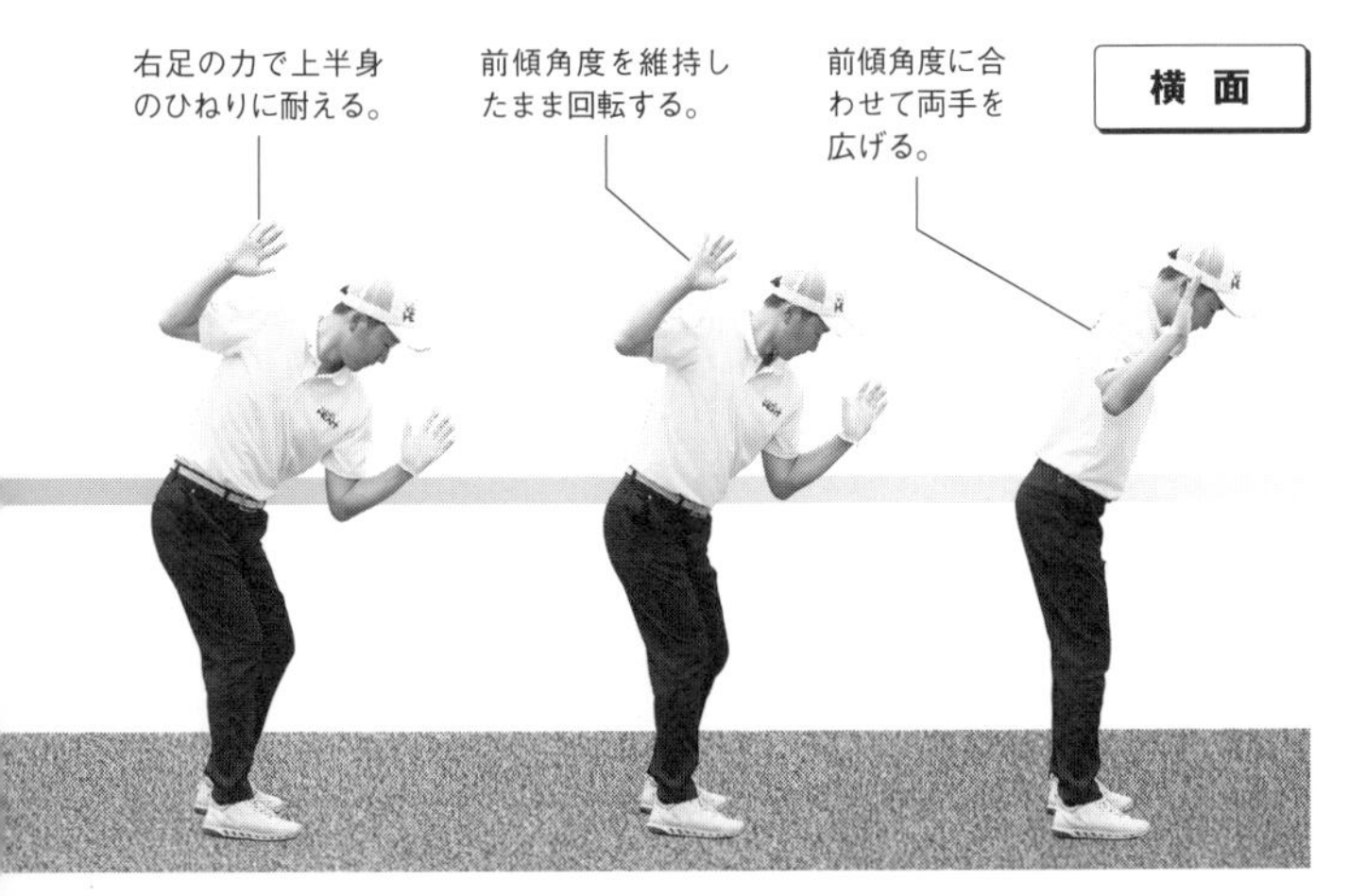

横面
右足の力で上半身のひねりに耐える。
前傾角度を維持したまま回転する。
前傾角度に合わせて両手を広げる。

両手を広げると上半身のひねりやみぞおちの重心の上下の動きがわかりやすい。

まとめ

正しい重心移動はスイングの軸となる頭を動かさないように行う

フィニッシュは目標方向に胸を張る。
左足ふくらはぎで体重移動を止める。
ここでみぞおちの重心が少し下がる。

ダウンスイングでは重心の力が下向きに働くことがよくわかる。

インパクトでは重心を下げ、身体が起き上がらない動きも習得しよう。

切り返しからの下半身の回転ドリル

切り返しというのは、テイクバックでのトップへの動きから、ダウンスイングに向かう瞬間の逆方向への動きのことです。

まずテイクバックで足の力と体幹を使って上半身をひねっていきます。

サイコースイングではひねりを意識するのは手が腰の位置にきたあたりまでですから、あとは惰性で肩とクラブがトップの位置に上がっていきます。

このとき下半身は右への力を受け止めて耐えることで、左に戻そうする準備ができている状態になっています。

そしてトップを迎えようとする瞬間、耐える力が限界に達した下半身は先に左への動きを開始することで、上半身と下半身の力の方向に一瞬ズレが生じます。

これが、前にも話した鞭をしならせる動きです。

クラブの先端が後ろ方向へと移動しているときに、力を逆方向に使うことで、鞭と同じようにクラブをしならせて、ヘッドスピードを上げることができるのです。

このときは身体が一番伸びている状態なので、これを戻そうとする筋力も最大限に働くというわけです。

この動きの中心になるのが下半身の動き、足の使い方になります。

足の裏の重心移動をすることで右にひねり、下半身の筋力が限界に達したとき、足の裏から反対への重心移動を行うことで下半身から自然に左への回転が起こるのです。

このドリルでは、その切り返しからの下半身の回転と、その動きに上半身をどう連動させるかについて学びましょう。

上半身の動きのポイントとしては、**肩は下半身と一緒に動きますから横に動きますが、手は下半身の力で真下、右足つけ根に当てるように引っ張ります。**

この動きと下半身の回転が連動することで、ヘッドが前に出てくるのです。

切り返しからの両足裏の重心移動

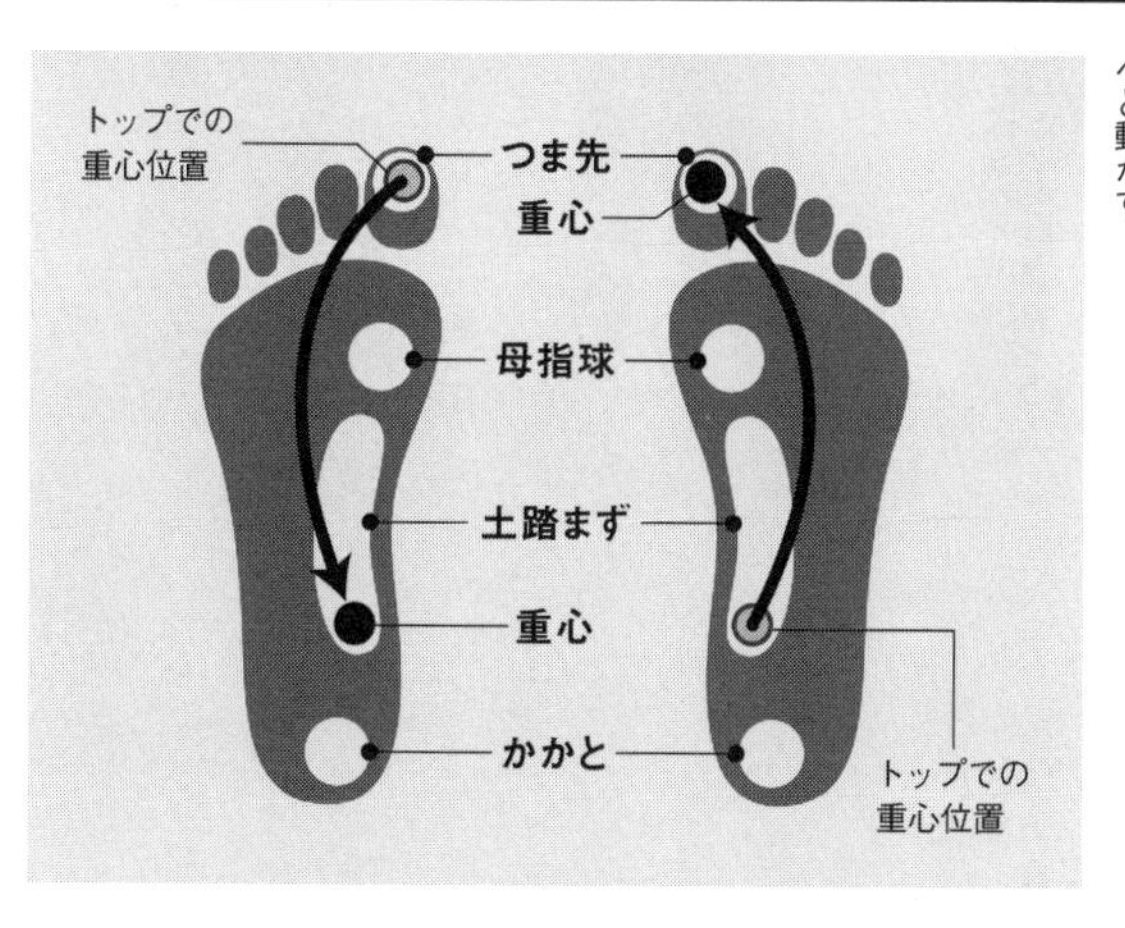

トップでの右足の重心位置は土踏まず後方あたり、左足は親指のつま先あたりにある。切り返しでは、この重心位置から右足は親指つま先方向へ、左足は土踏まず後方へと動かす。

切り返しからの下半身回転ドリル

3
右お尻の筋肉と右太腿裏のハムストリングで溜めた力を下向きに使う。
4
肩は下半身と一緒に横に動くが、手は下に落とすように意識する。
5
下半身の回転でクラブが自然に背中のほうから前に出てくる。

ボールを打つと最初は左に引っかける人が多い。これは手打ちになっているためだ。足裏からの重心移動による下半身の回転を意識して打つとボールはまっすぐに飛ぶ。

まとめ

足の裏の重心移動による下半身の回転運動を意識してボールを打つ

1
手は腰の位置、クラブヘッドは背中の位置にあることを確認して始動。
2
左右の足裏の重心位置を前後に移動することで下半身が回転する。

まずバックスイングで、手が腰の位置にくるサイコースイングにおけるトップの形を作り、足裏の重心位置が正しいか確認する。

アーリーリリースを防ぐ体重移動ドリル

テイクバックが正しいトップを迎えたとき、両方の手首は親指側に90度近く折れます。この手首が折れた状態を「コック」といいます。

そして切り返しからコックの角度を保ちながら、インパクトの直前にコックをほどくことで、クラブスピードを最大限に加速させることができるのです。

しかしアマチュアの多くは、切り返したあとすぐにコックがほどけてしまうので、クラブスピードが上がりません。

このコックが早くほどける状態のことをアーリーリリースといいます。

原因は下半身を動かせていないため、上半身から打ちにいくことになり、右手を使ってボールを打とうとしてコックがすぐほどけるのです。

今回のドリルは、この動かせていない下半身を強制的に動かせるための練習法です。

これは、**バックスイングしている最中に左足を前に動かすことで上半身は右、下半身は左という捻じれを強制的に作るのです。**すると、バックスイングで腕とクラブは上がっているのに下半身はすでに左に踏み込んでいるため、腕から打ちにいきづらくなります。

つまり下半身主導でクラブも戻ってくるためコックもほどけないというわけです。

アーリーリリース

上半身からボールを打ちにいっているため、右手でクラブを振ろうとすることですぐにコックがほどける。

正しいコック

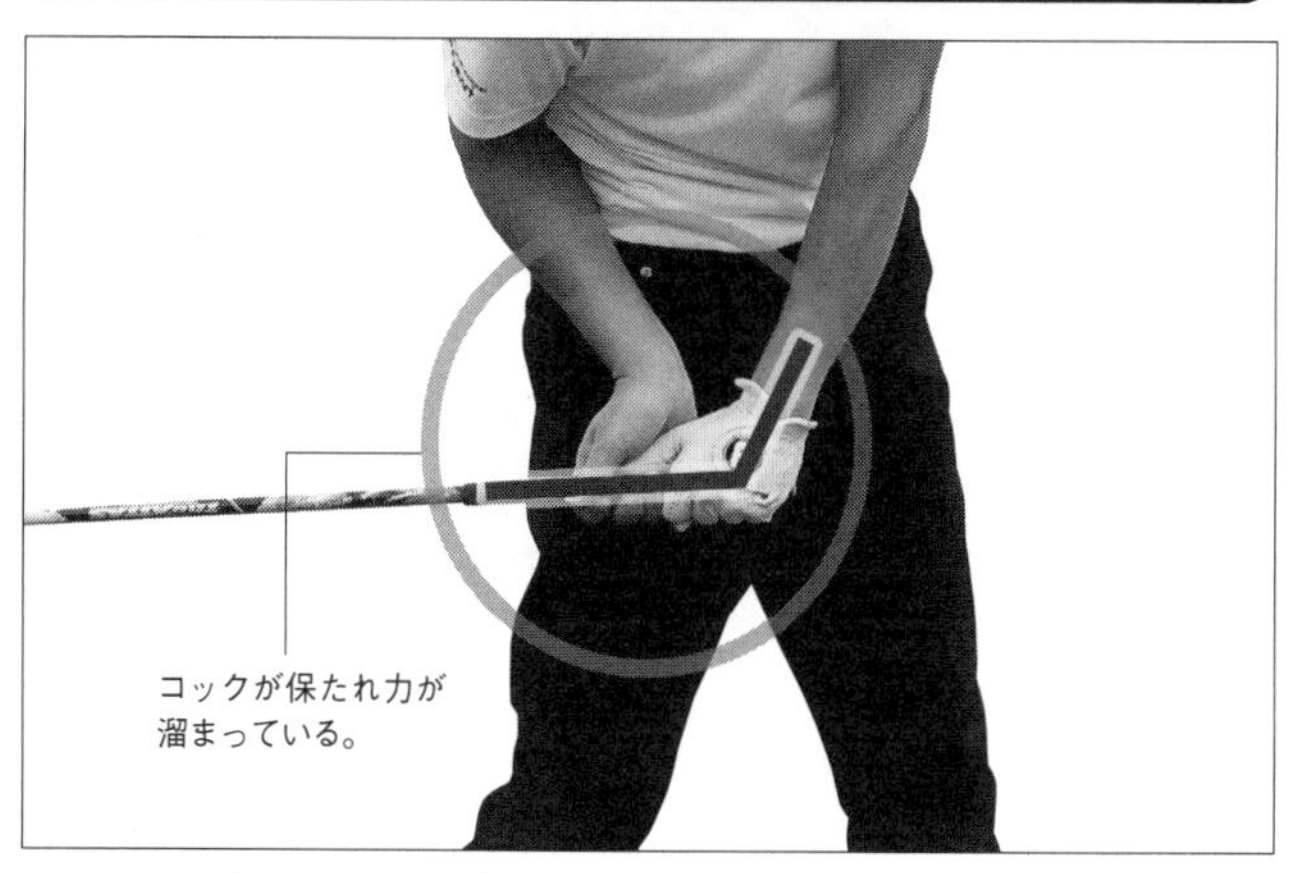

下半身から動くことで、グリップはトップから右足つけ根に向かって直線的に下りてくるのでコックがほどけない。

左への強制体重移動ドリル

3
トップから左足の動きに引っ張られるように手を真下に落とす。
4
下半身が先に動いているので、地面とシャフトが平行になるまで手首のコックがほどけない。
5
左足を広げたことで重心は下がるが、インパクトでは頭が突っ込まないように注意する。

最初はボールを打たないで素振りでドリルの動きを真似してみよう。ボールを打つときは、スタンスを広げたときに真ん中よりも少し左足寄りになるようにボールを置く。

まとめ

下半身主導を強制的に発動するドリルでアーリーリリースを直す

1
最初はスタンスを狭くして、左足の外側にボールをセットする。
2
テイクバックすると同時に左足を肩幅が入るくらい左に広げる。

テイクバックのとき、瞬間的に、身体も一緒に右に体重移動しないように注意すること。上半身は右、下半身は左への逆の動きを意識しよう。

インパクトの形をドリルでつかむ

小さな動きのインパクト体感ドリル

インパクトの瞬間は、私のヘッドスピードが50m／sとすると、クラブが約180km／hのスピードになり、まさにあっという間です。ですから、**フルスイングでいくら練習をしても、インパクトの瞬間に身体の細部の動きをコントロールすることはできません。**

絶対に手の力で打たないようにしようと思っても、インパクトの瞬間に身体のどの部分の力を使っているのかは、ほとんどのアマチュアの方はわからないのです。

そこで、ここではインパクト前後の足の動きを意識しながら、腕や手元だけで動かすのではなく、足の捻じりとお腹の捻じりだけを使った、小さな動きでインパクトのスイングを再現してみましょう。クラブヘッドの動きは右ひざから左ひざまでの高さのスイングです。まず肩と腕の力を抜き、脇を軽く締めてクラブを持ちます。これで身体とクラブに一体感を作ります。次に、下半身の力と腹筋を使った身体の捻じりだけでクラブを右ひざまで上げていきます。今度は、その身体の捻じりを下半身から戻すようにして、インパクトを迎えます。このときに**頭が動いていないこと、肩のラインが平行であることを確認しましょう。**

インパクトでは手もクラブヘッドも正面に戻っていますが、下半身は回転の動きをリードするため、**お腹が下写真のように10時の方向を指すようになります。**

これらインパクトの一連の形は小さな動きでないと確認しにくいので、ドリルでぜひ体感してください。

インパクトではお腹は斜め下10時方向を指す

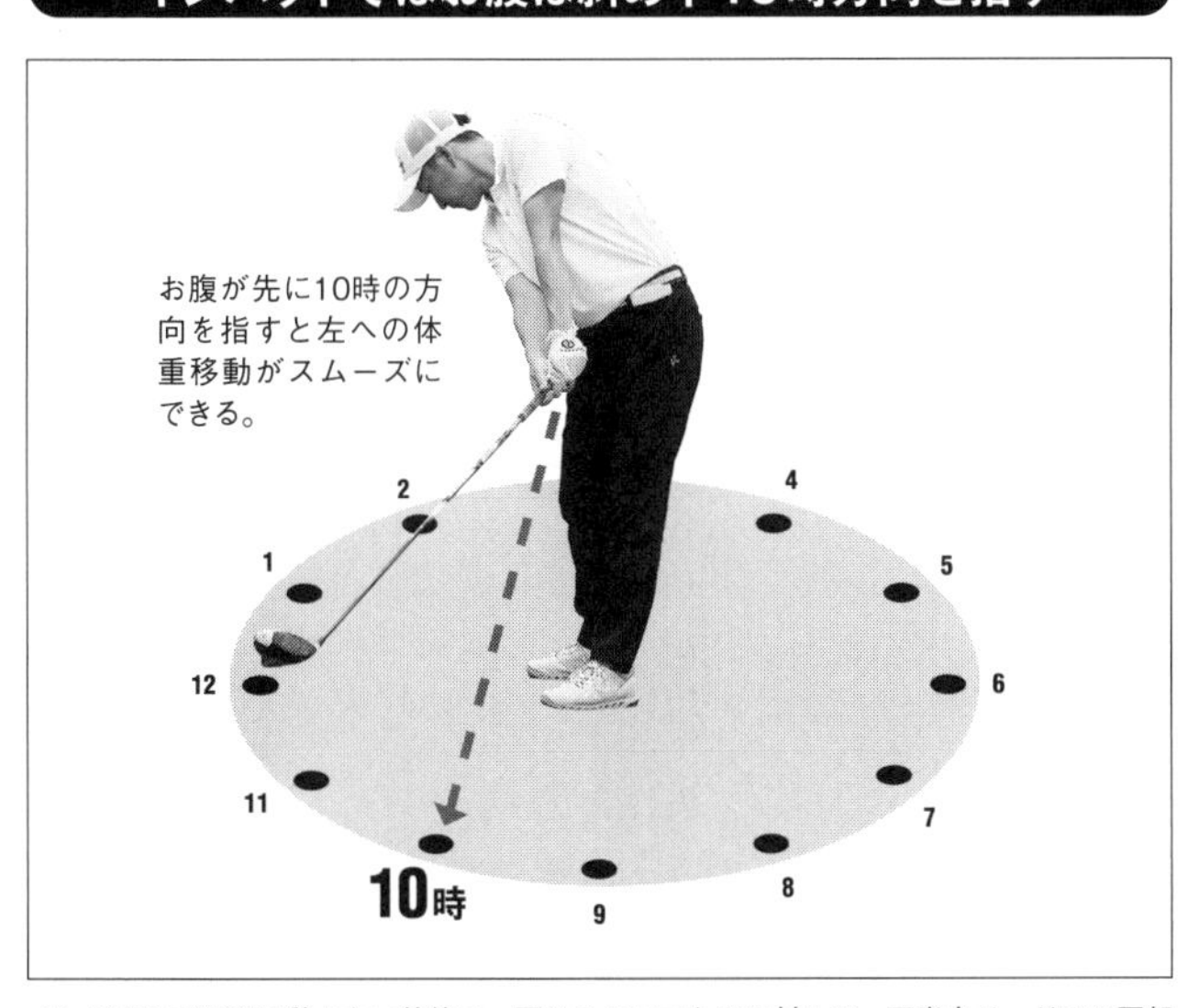

インパクトでは頭は動かない状態で、肩はスクエアなのに対して、下半身リードでの回転により、お腹は先に左に回転して下斜め10時の方向を指す。

小さな動きのインパクト体感ドリル

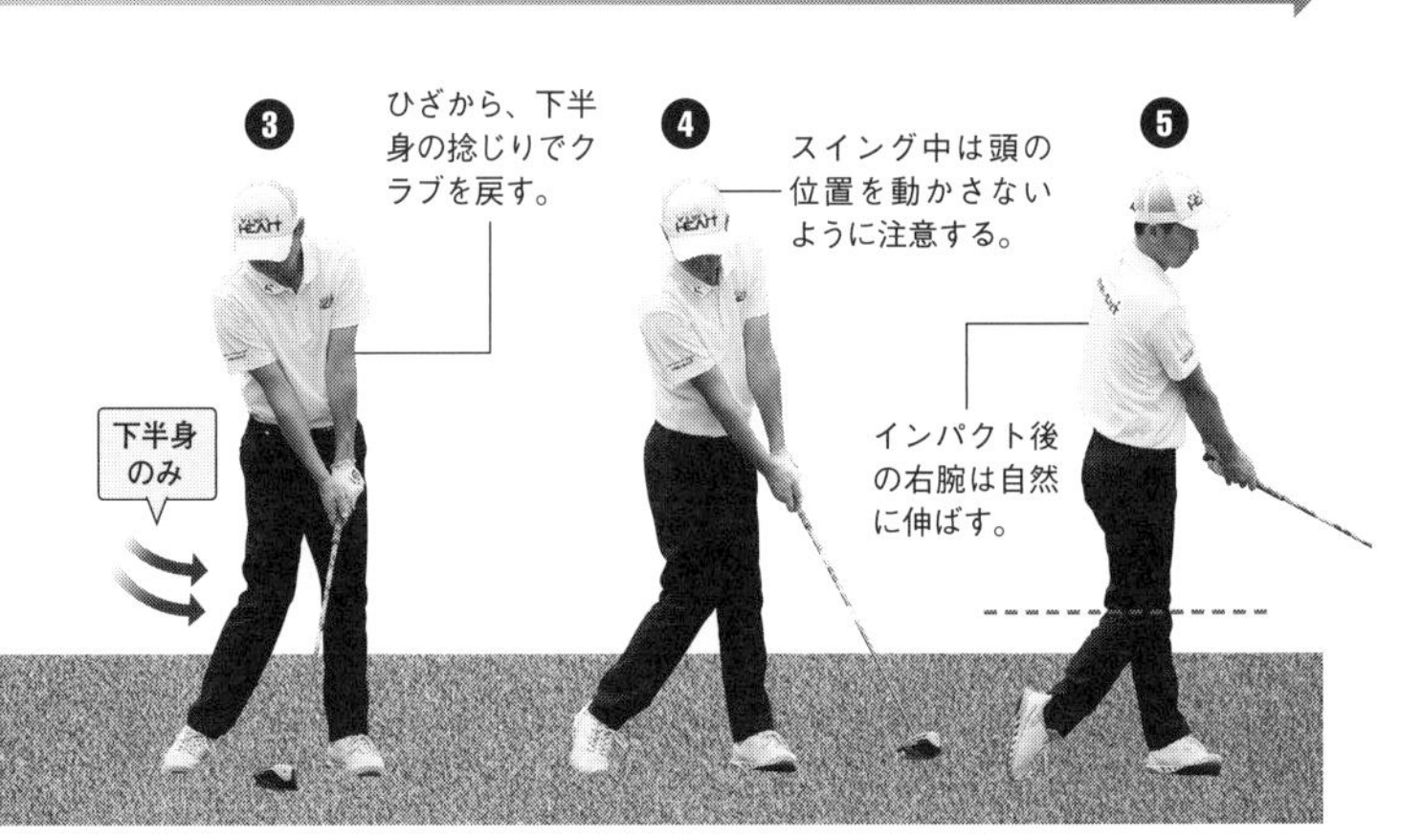

3
ひざから、下半身の捻じりでクラブを戻す。
下半身のみ
4
スイング中は頭の位置を動かさないように注意する。
5
インパクト後の右腕は自然に伸ばす。

腕と肩の力を抜き身体とクラブが一体で動くようにして下半身の力だけでスイングする。

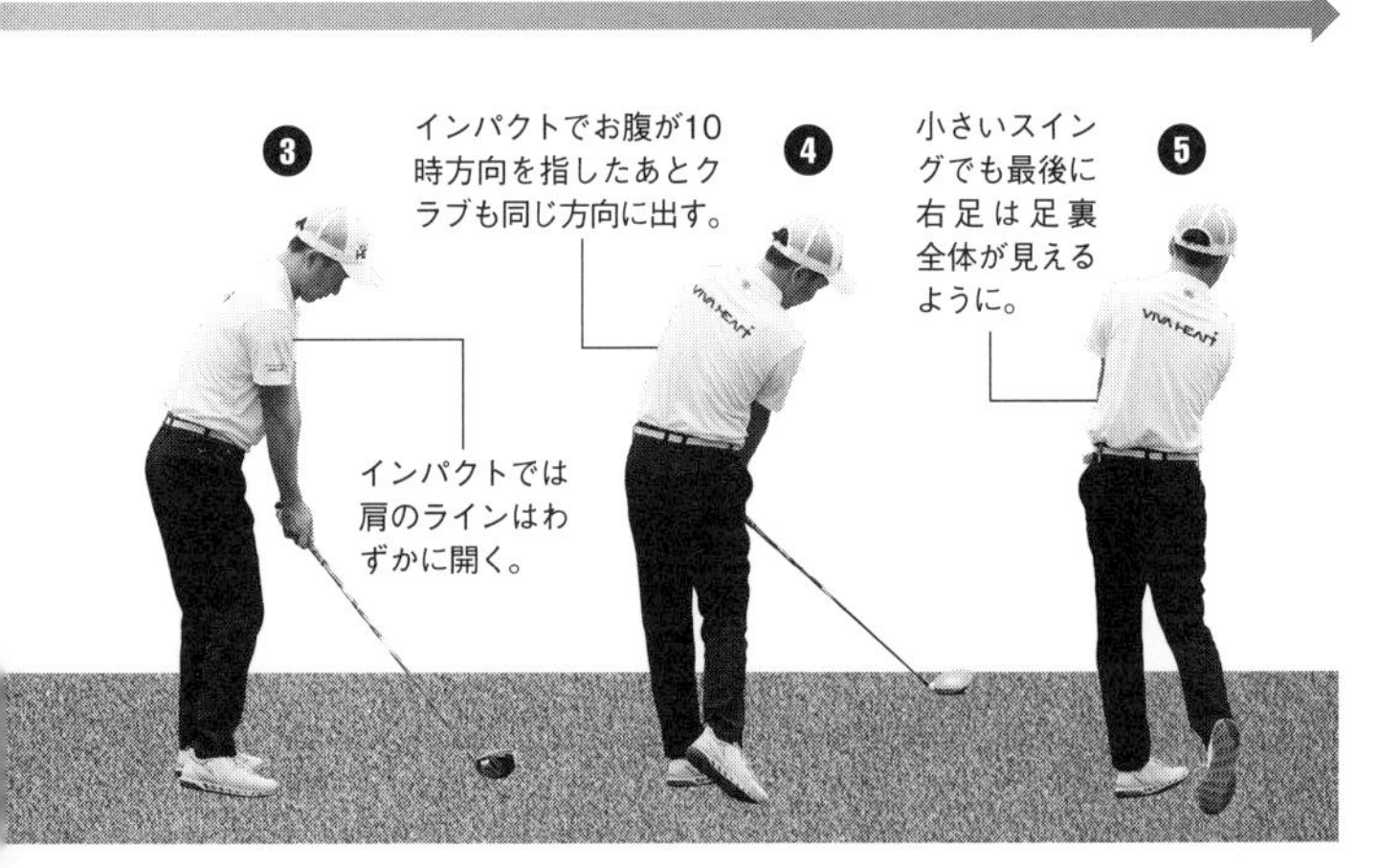

3
インパクトでお腹が10時方向を指したあとクラブも同じ方向に出す。
4
小さいスイングでも最後に右足は足裏全体が見えるように。
5
インパクトでは肩のラインはわずかに開く。

小さな動きだが、ボールを打つとき上半身に力が入るとうまく当たらないので注意。

まとめ

小さな動きだからこそインパクト前後の下半身の動きがつかめる

正面

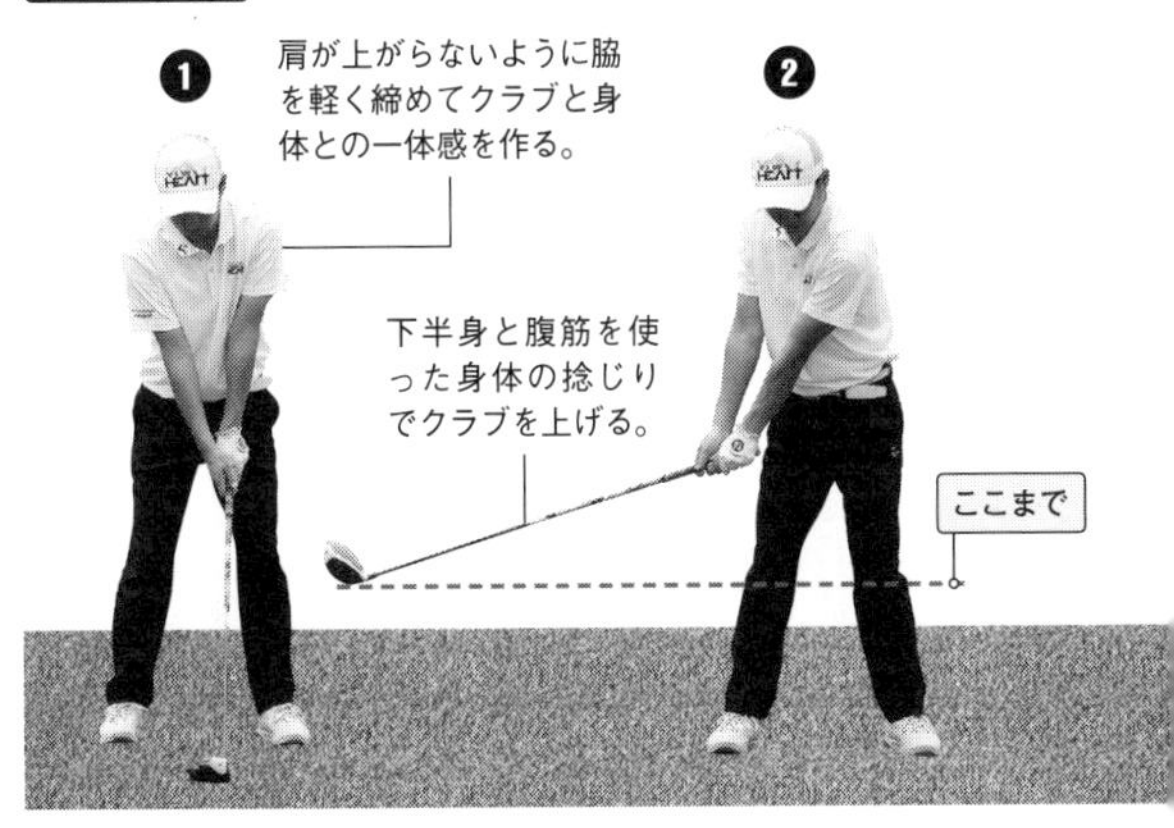

❶
❷
肩が上がらないように脇を軽く締めてクラブと身体との一体感を作る。
下半身と腹筋を使った身体の捻じりでクラブを上げる。
ここまで

クラブの振り幅は手がひざからひざの高さくらいまでの小さな動きにする。

後方

❶
❷
足からの回転で上半身を動かしクラブを上げる。
クラブヘッドは身体の後ろにくる。

肩と腕の力が抜けると手は身体の近くを通るようになる。

ボールをつかまえるドリル

前のドリルでインパクト前後での下半身の使い方がわかりましたでしょうか。

ここでは、さらにそのインパクトに焦点を当てます。

まず、**インパクトの瞬間の形を最初から作ります。そして左足を下に踏み込むようにしてボールを打つというドリルで**す。テイクバックで右に乗っていた体重が、ダウンスイングからインパクトにかけて左に体重移動するとき、下半身の力が十分に使えていないとスイングの力の強さに負けて、インパクトでは身体が横に流されてしまいます。

ここでしっかり下半身の力が使えてい

打った瞬間にボールが地面に落ちるミスは、上から打ち込んでフェースが被っているせいだ。

ると、左の壁ができてスイングの力を受け止めることができるのです。
　その際、下半身の重心も下に移動しますから、インパクトでは左足に強い下向きの力もかかってきます。このドリルでは、左体重のインパクトの形をとり、左足を下に踏み込むような力加減のまま、前のドリルと同じようにテイクバックしてボールを打ちます。すると初めから左足体重になっているのでクラブにもしっかりと力が伝わり、ボールをつかまえる感覚が養えるのです。

まとめ

最初からインパクトの形を作ることでボールにも強い力が伝わる

❶

左の壁

左足体重のインパクトの形を作る。

❷

左足体重のままテイクバックする。

ボールが少しだけ上向きに10ヤードくらい飛んでから転がればOKだ。

身体の回転とクラブの回転の連動

スイングが安定する回転ドリル

上手に振れない方でドライバーのスイングに引っ張られて身体が揺れたり、上下に動いたりするケースをよく見かけます。これではエネルギーがクラブにうまく伝わりません。

そこでエネルギーがクラブにどのように伝わるのかを確かめるために、まず**スタンス幅を10㎝ほどに狭めて立ちます**。こうすると横や上下への身体の動きが制限されます。これまで横への動きで打っていた人はかなり振りづらくなるはずです。

そして**何度も繰り返している足の裏の前後の重心移動を利用して、身体を左右に回転させてクラブを振ってみましょう**。すると、手を身体から離して振るとクラブに引っ張られ、手を身体に近づけて振ると回転運動とともに、スイングが安定することがわかります。

このドリルでは、身体の軸を中心に回転しながら、手を身体に近づけてスイングすることで、エネルギーが効率よくクラブに伝わることが実感できます。

スイングが安定する回転ドリル

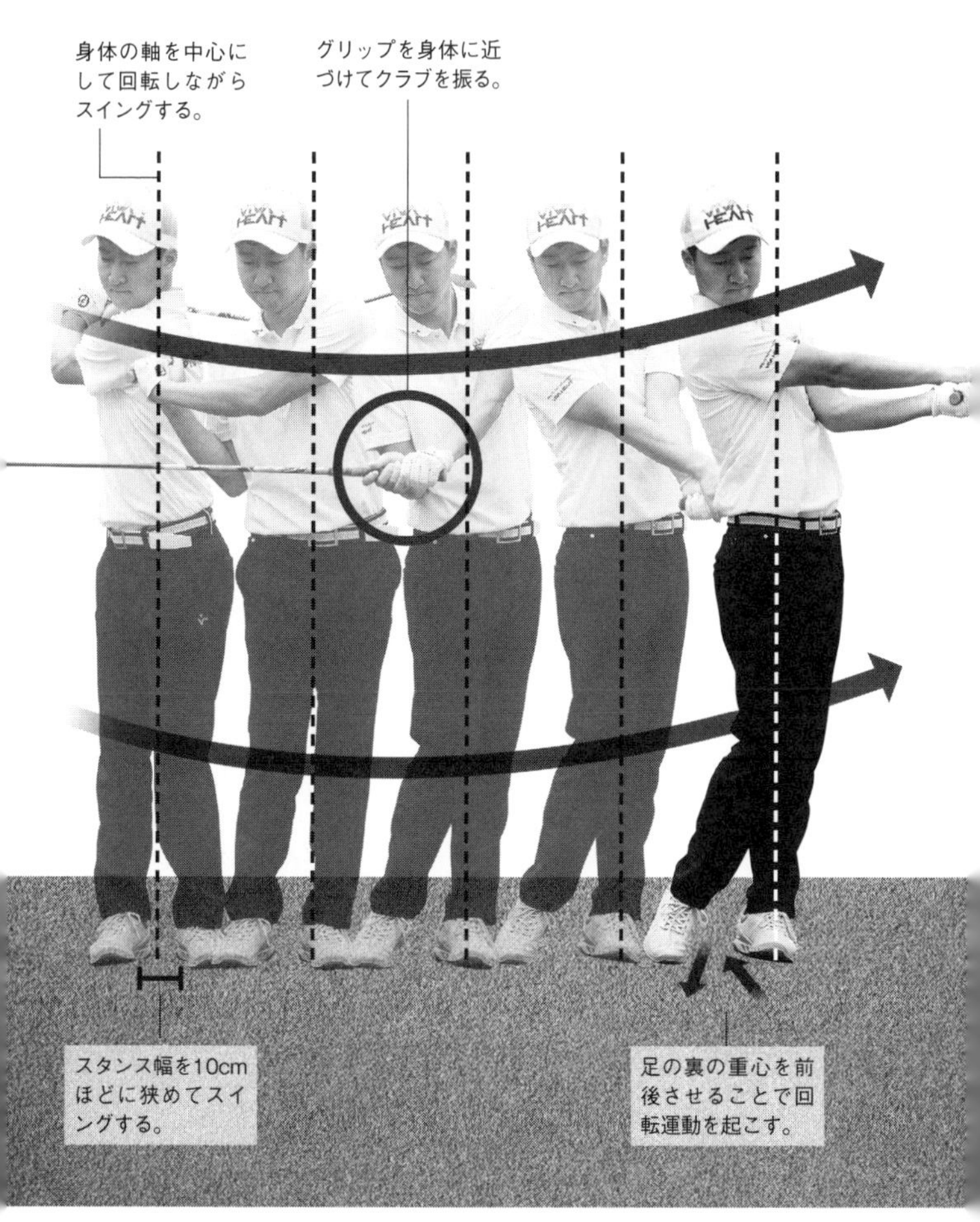

スタンスを狭めた状態で横振りや力任せに振るとバランスが崩れる。バランスを崩さないようにするには身体の軸を中心にした回転で振ることが重要だ。このとき手を身体に近づけることでエネルギーが効率よくクラブに伝わる感覚がわかる。

ドリルのように腕を身体に近づけてクラブを振る

○
右ひじをたたんで手を身体に近づけて振る。
まっすぐに立って野球の素振りのように振る。
足裏の重心移動により上半身を回転させる。
❸
❷
❶

このドリルでクラブを安定させながら回転するコツはひじをたたむこと。

×
右ひじが身体から離れることで手が浮く。
下半身に張りがないのでオーバースイングになる。
❷
❶

右ひじが浮くとクラブより手が先に出るので振り遅れる。

まとめ

身体の回転を軸にして手を近づけると効率のいいスイングになる

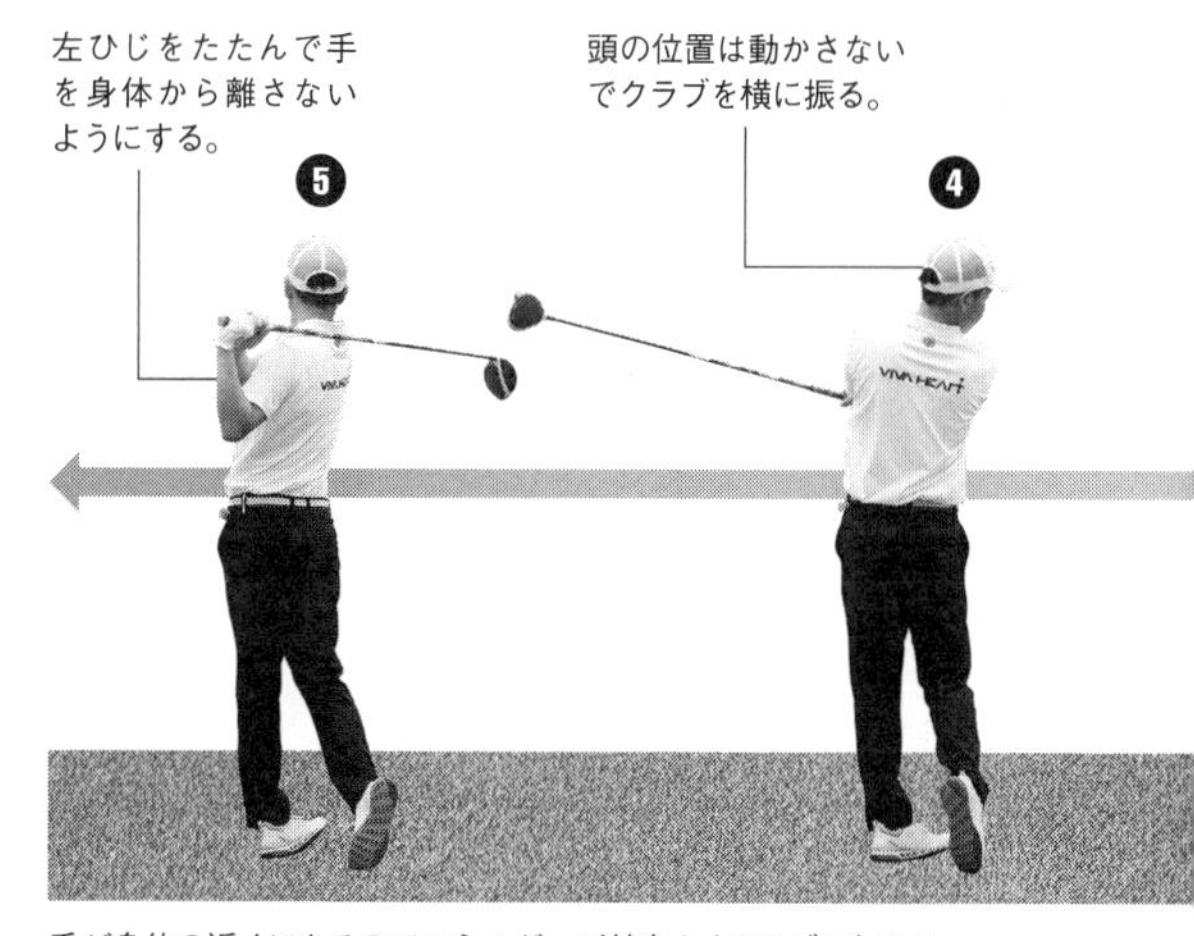

左ひじをたたんで手を身体から離さないようにする。
5
頭の位置は動かさないでクラブを横に振る。
4

手が身体の近くにあるのでエネルギーが効率よくクラブに伝わる。

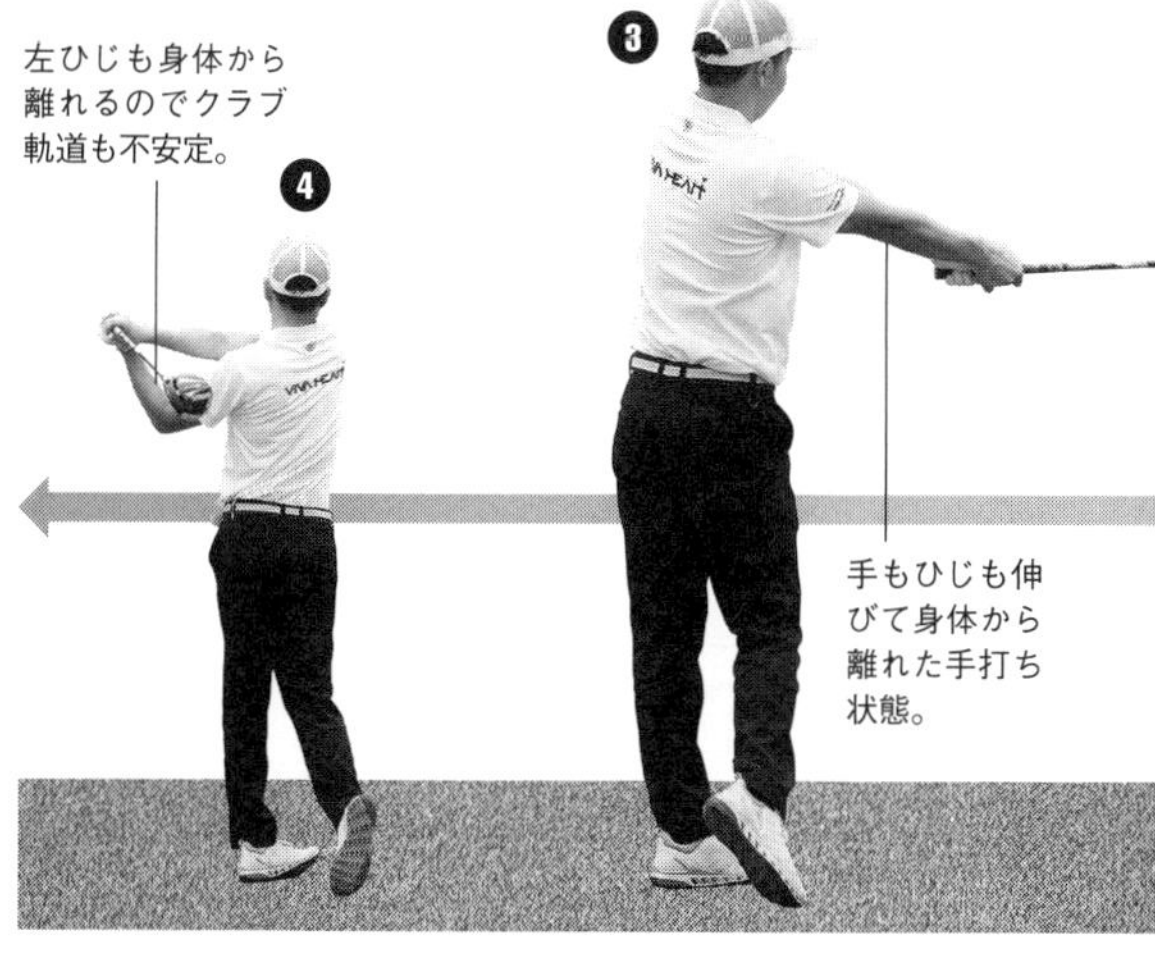

3
左ひじも身体から離れるのでクラブ軌道も不安定。
4
手もひじも伸びて身体から離れた手打ち状態。

手が遠くに離れているのでボールにエネルギーが伝わらない。

アームローテーションでフェースがターン

スライスボールとフックボールを比較すると、一般的にはフックボールのほうが間違いなく飛距離が出ます。最大効率を追求して、力がなくても280ヤード飛ばせるようになるサイコースイングでは、まずこのフックボールが打てることが目的達成の第一歩です。

スライスになる人は、切り返しから腕を前に出す動きになって、クラブが上から下りてきたり、右肩が下に落ちてあおり打ちになったりすることで、アウトサイドインのスイング軌道になり、腕の返し（アームローテーション）が正しく行われなくなってしまいます。

腕が固まってしまう初心者の人には「打ったあとフェースが左を向くようにしてください」といっています。意識してアームローテーションを習得することでボールがつかまります。

そしてボールがつかまるようになり、スイングが上達してクラブが身体に巻きつくようになればフックもさらに強くなります。そこで今度は「フェースを返さないように意識しながら身体を回転させましょう」と、段階を踏んで教えます。

アームローテーションは身体の回転、グリップの握り方、シャフトのしなり（捻じれ）で自然に起こるのですが最終的には「返さない」意識が方向性も手に入れるポイントです。

まとめ

アームローテーションは身体が正しく回転すると自然に起こる

ボールが掴まる腕の動き

まずはアームローテーションが起こる手の動きを理解しよう。身体が正しく回転すると、引っ張られるように手が身体の近くにくる。

インパクト後、身体の回転でクラブと手を巻きとるような動きが起こることで、腕が左に捻じれてアームローテーションが起こる。

上半身の力で打とうとすると手が身体から離れる。手からボールに向かうのでアウトサイドインのスイング軌道になり、右手が下になる。

力が入っているためスイングも固くなり、手が伸びて身体の回転もないため左脇が空き、アームローテーションが起こらない。

8の字全身ドリル

全身を使ったスイングで大きく8の字を描く

最後に紹介する、全身を使うこの8の字全身ドリルは、身体がクラブを引っ張り続けているというスイング中の状態を体感するうえで非常に役に立つものです。

まず肩の力を抜き、左右の体重移動による動きでクラブの左右への振り幅を徐々に大きくします。次に足裏の重心を前後に移動することで身体に回転運動が加わり、クラブにも前後の動きが起こります。

そして、最後にみぞおちあたりにある重心を上下させることで、**身体の3つの動きに引っ張られるようにクラブが大きく8の字を描くようになるのです。**

このとき、インサイドアウトのスイング軌道や、ダウンスイングの切り返しでの下半身の先行、ヘッドスピードが上がる柔らかい手首の使い方、頭の位置を変えないことで軸が安定することなど、スイング中の重要な要素が満載なので、ぜひお試しください。

正面から見た8の字スイング

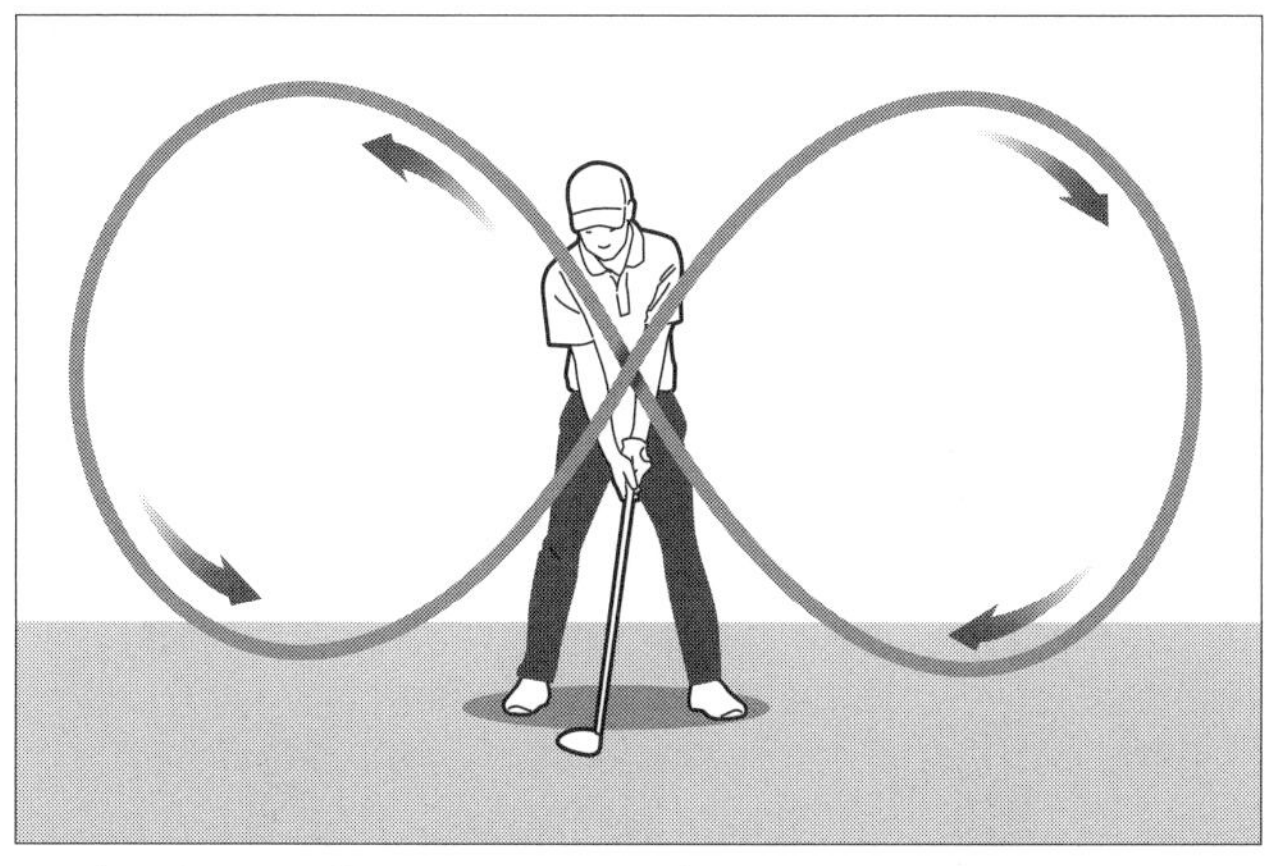

クラブを通常のスイングの方向に動かした後、今度はフィニッシュから身体が逆の動きでクラブを引っ張ることで、クラブは8の字を描くように回転する。

上から見た8の字スイング

腕は身体の少ない運動（回転）でも大きく巻きつくように振られ続ける。上から見ると、左右どちらからもスイング軌道はインサイドアウトになっているのがよくわかる。

8の字全身ドリル

正面

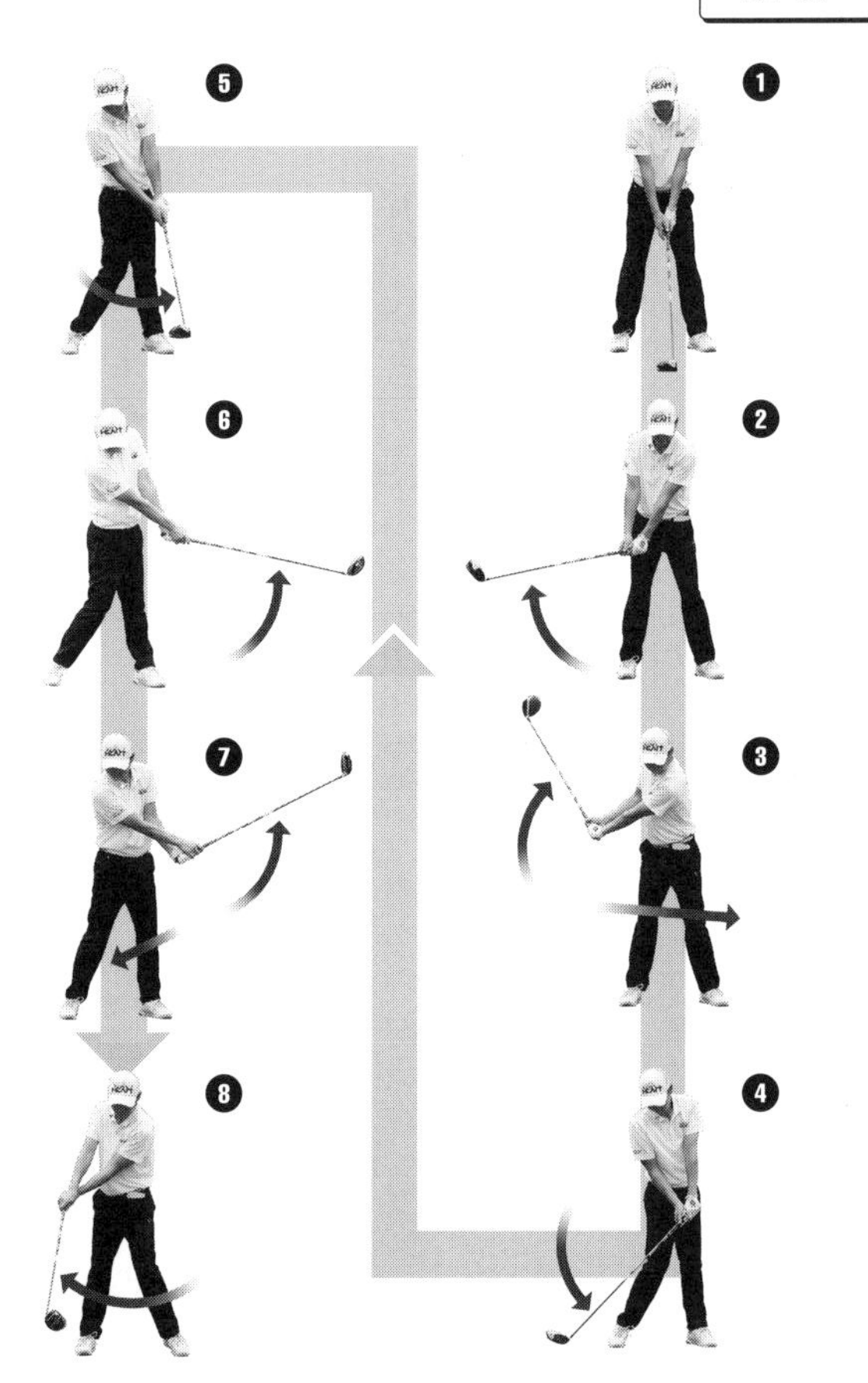

最初は小さな動きから徐々にクラブの振り幅を大きくしながらスイングすると、身体の使い方がわかりやすい。❼からのスイングは逆向きになるが、左右の足の裏の重心を前後にリズミカルに動かすことで、身体に回転運動が起こり勝手にクラブをリードしてくれる。頭は動かさず軸を作ることでグリップは常に身体の中心を指すのでスイングも安定する。

まとめ

スイングにおける大切な要素が満載の8の字スイング

後ろから見ると身体の動きに手とクラブが引っ張られるように動いているので、❹手が身体の近くを通り、背中から回ってきたヘッドが前に出ることでインサイドアウトのスイング軌道になっている。また、前傾姿勢を保っているのでクラブにも常に下向きの力が働いている。

壁で下半身の"壁"を感じるドリル

1 ○ 左足を壁につけてアドレスする。

2 テイクバックで左お尻が壁を押す。

3 インパクトでお尻が壁から離れる。

壁を使って、下半身と上半身の動きの違いをチェックする。

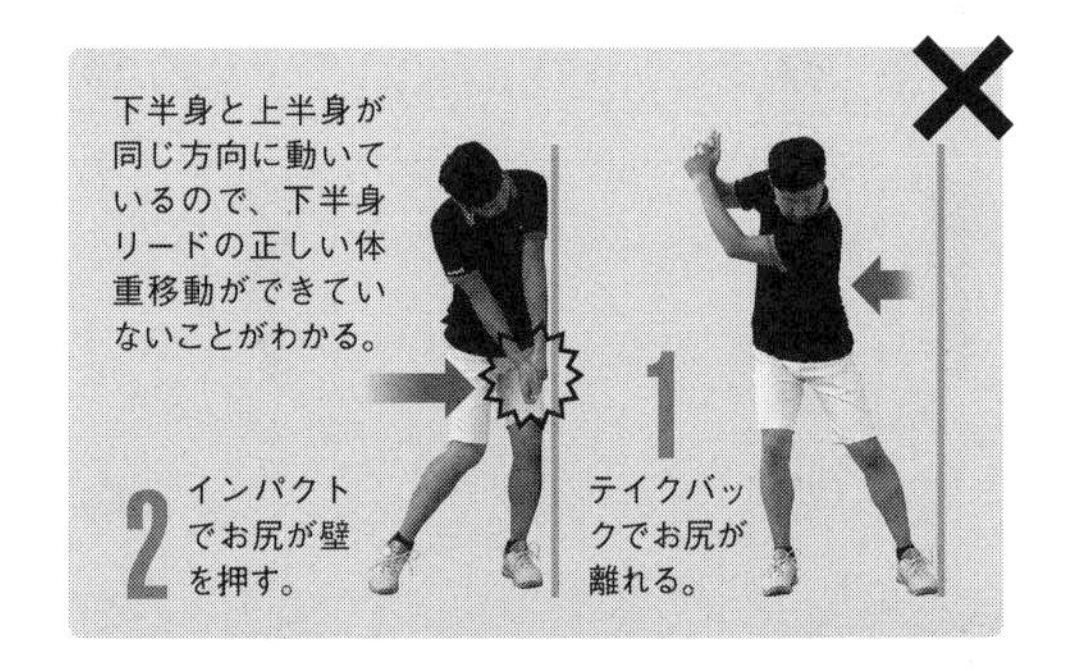

壁を使うと下半身リードの体重移動がわかる

テイクバックでは両足裏の重心を左足は前に、右足は後ろに移動することで上半身が右に捻じられていき、右への体重移動が起こります。このとき下半身は右ではなく左への逆の動きをすることで、次のダウンスイングへの体重移動をリードしているのです。左のお尻で壁を強く押したあと、インパクトでは離すことで、下半身リードの動きをつかみましょう。

スイング軌道チェックドリル

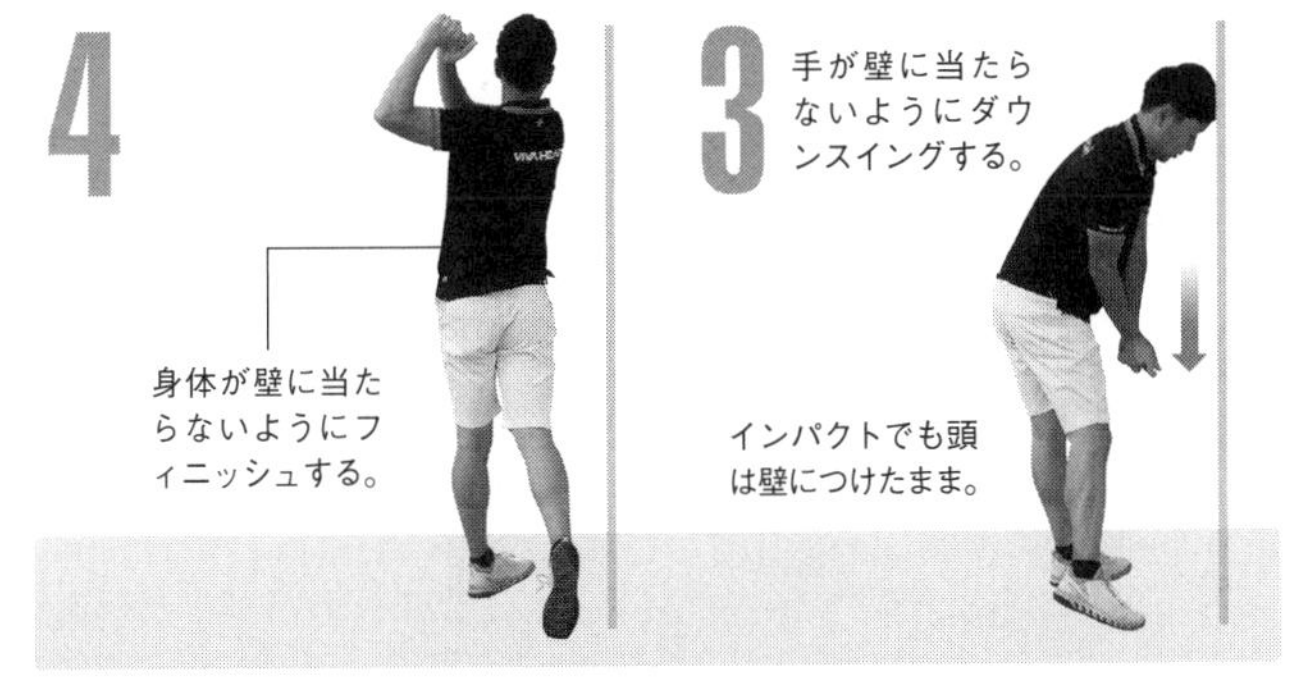

頭を壁から離さないことでスイング中の軸も体感できる。

壁を使うとスイング軌道が簡単にわかる

サイコースイングで求めるのは、飛距離の出るドローボールが打てるインサイドアウトのスイング軌道です。左上写真のように、スイングして手が壁に当たるアウトサイドインのスイング軌道の人は、まず下半身から回転してトップのあと手は下に落とす！　この動きを意識することで、自宅でも簡単にインサイドアウトのスイング軌道が体感できます。

下半身を鍛えるスクワット

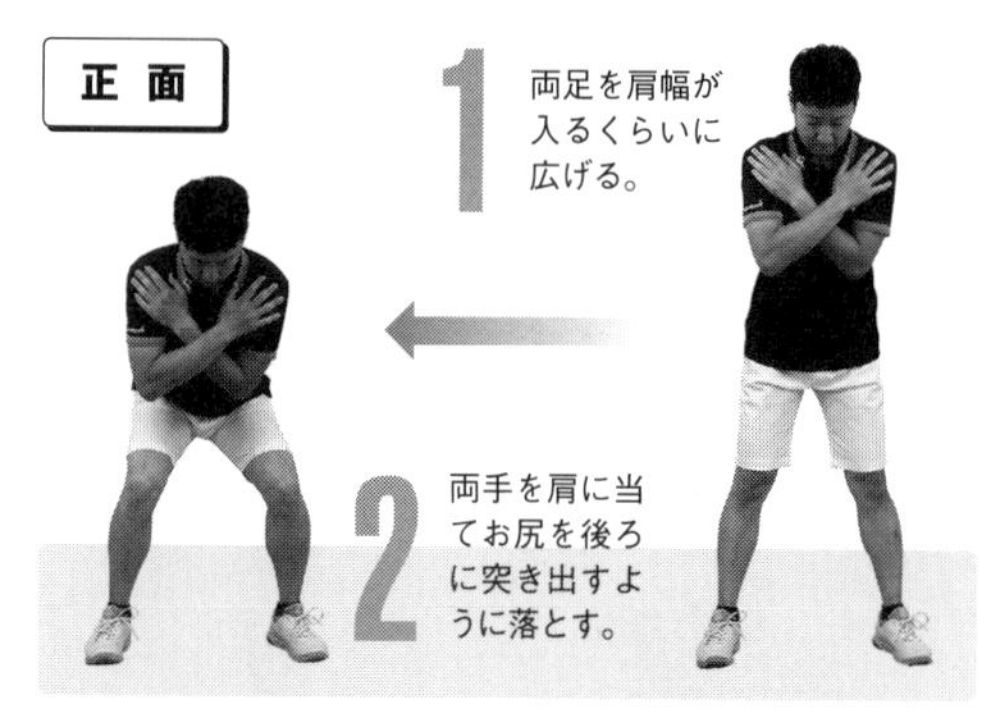

正面
1
両足を肩幅が入るくらいに広げる。
2
両手を肩に当てお尻を後ろに突き出すように落とす。

お尻の筋肉と太腿裏のハムストリングへの強い張りを意識する。

太腿が地面と平行になるくらいまでお尻を落とすと効果が高い。

正しいフォームで筋肉に負荷をかける（20回）

サイコースイングのパワーの源は下半身です。この下半身の力を効率よく、いつでもどこでも手軽に鍛えることができるトレーニングがスクワットです。スクワットは回数よりも、正しいフォームでお尻と太腿裏のハムストリングにしっかり負荷をかけることが一番大切。腰痛予防にもなりますので、日頃のトレーニングとしてぜひ取り組んでください。

下半身をより深く沈めるスクワット

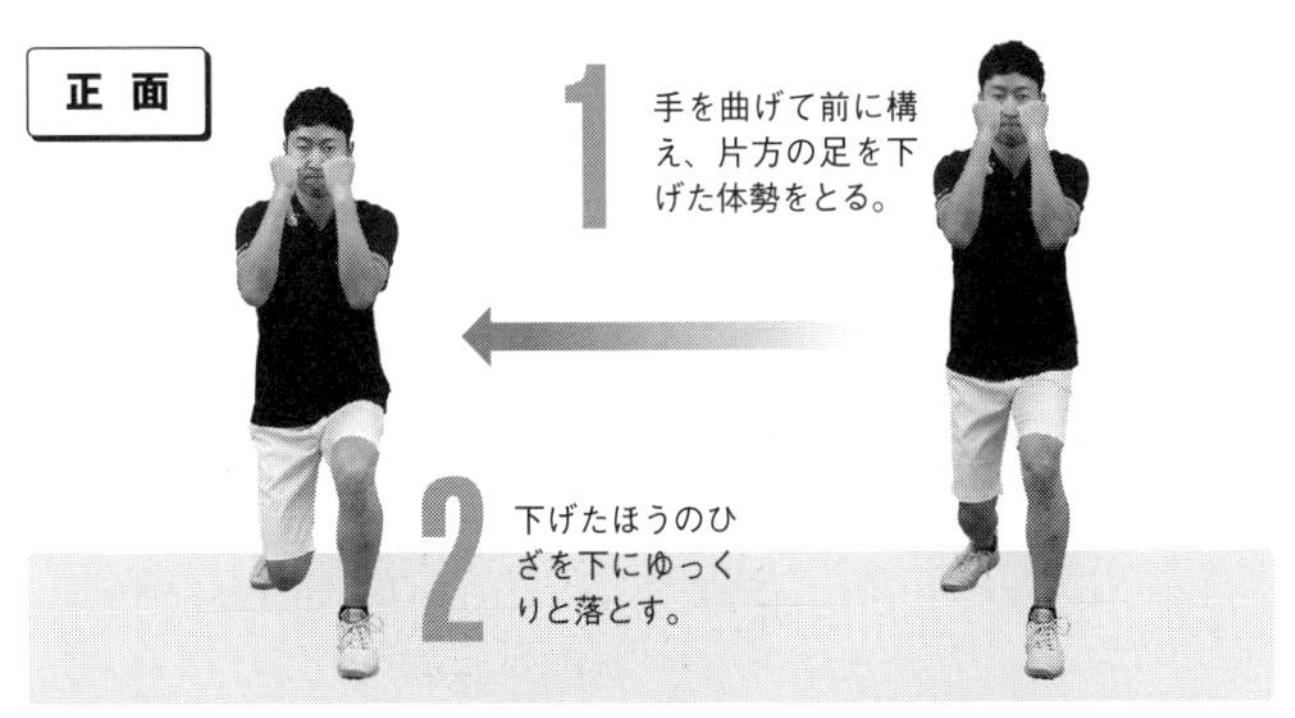

正 面
1
手を曲げて前に構え、片方の足を下げた体勢をとる。
2
下げたほうのひざを下にゆっくりと落とす。

息を吐きながら下半身を沈め、吸いながら上げていく。上半身は背筋を伸ばしたまま行う。

横
1
前方のひざを突き出さないようにお尻を落とす。
2
前に出した足の太腿が床と平行になるようにする。

片足10回ずつ行う。深く曲げたとき、お尻とふくらはぎ、ハムストリングが強く張る。

ふくらはぎの筋肉も鍛えられる（片足ずつ10回）

サイコースイングにおけるインパクトでは、爆発する力を左足の筋肉で受け止めるため、左足ふくらはぎにも大きな力がかかります。そこで、ふくらはぎも含めた下半身の筋肉を、さらに強化するためのスクワットをもうひとつご紹介します。このスクワットも、下半身の各筋肉にしっかりと負荷がかかっていることを感じながら行うことが効果的です。

背筋を鍛えるトレーニング

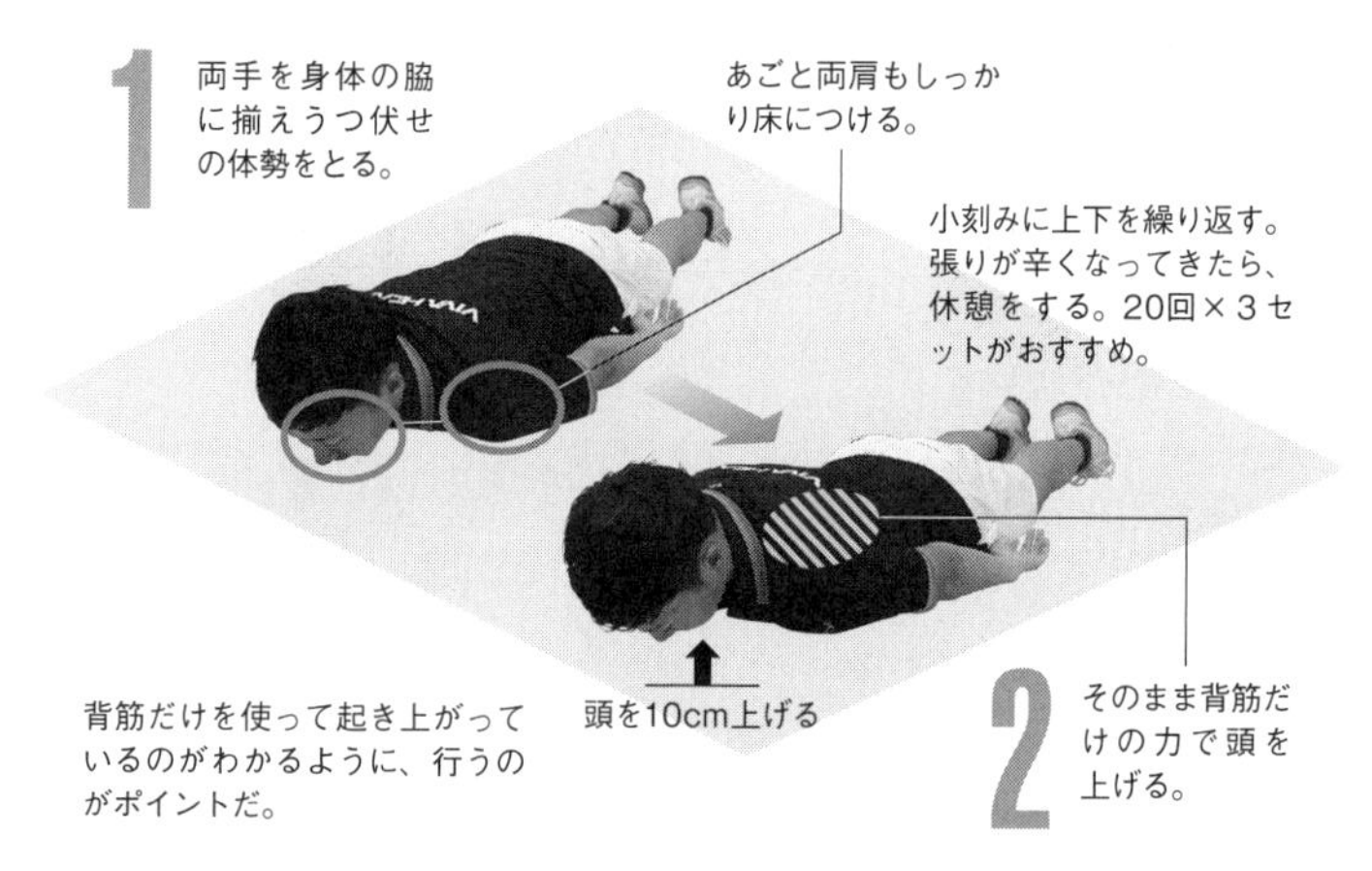

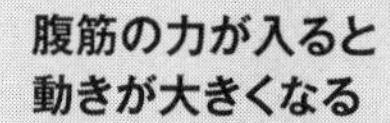

皆さんもよくご存じの背筋運動は、ほとんどが腹筋も使っています。背筋の力だけだと頭が10cmほどしか上がりません。腹筋を使わず、背筋だけで行っているか確かめながら鍛えましょう。

頭が10cm上がるのが限度。

腹筋を使うと起き上がりやすい。

背筋の力だけで上体を起こす

　サイコースイングでは腕の力はいりません。必要な力の9割は下半身の力です。残りの1割の力が上半身の力となりますが、中でも飛ばすための重要な軸を維持し、体幹の働きを高めるためにも必要な筋肉が上半身で最も大きい筋肉である背筋です。このトレーニングはインナーマッスルも鍛えられますので、スイング軸の安定にも効果を発揮します。

下半身の筋肉の働きを高める

1 足を伸ばして床に座り、両手を床につける。

2 片足を上げ反対の足の太腿外側に置く。

お尻の筋肉とハムストリングに張りを感じながら行う。

3 伸ばしている足を、後ろのお尻まで曲げる。

4 立てたひざを両腕で身体にゆっくり近づける。

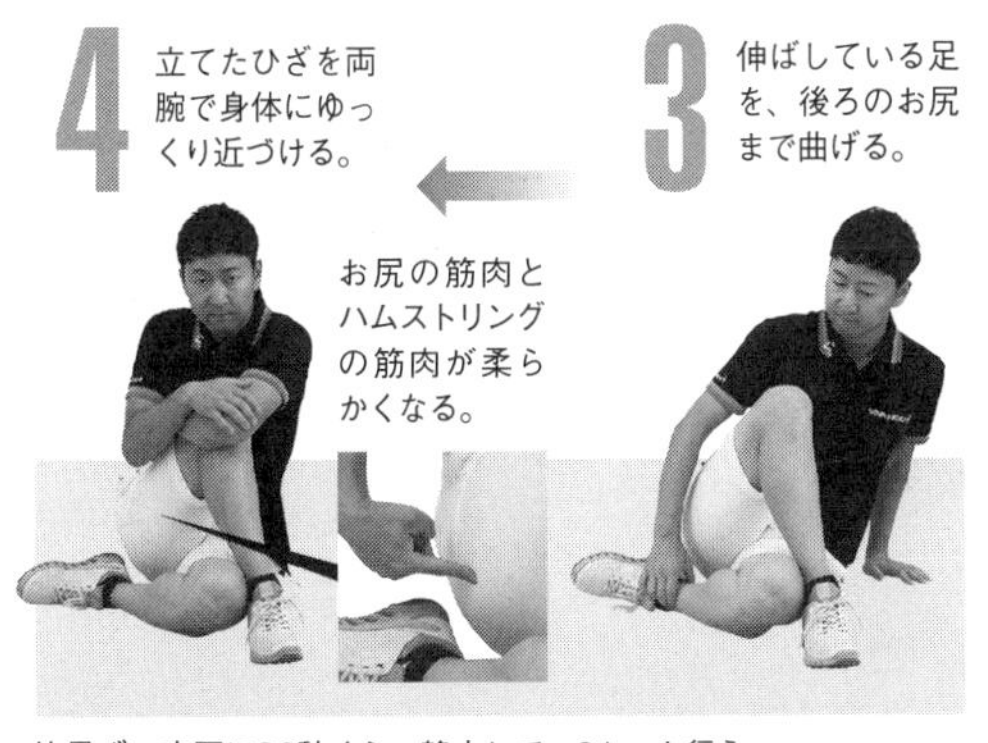

片足ずつ交互に20秒くらい静止して、3セット行う。

ゴルフのラウンド前に行うのも効果的

　筋肉は使わないと硬くなりますし、運動後放置しておくと疲労が溜まり身体の不調にもつながります。特に下半身は大きい筋肉なので、パフォーマンスを維持するだけでなく高めるためにも、筋肉を伸ばして柔らかくしてあげて、疲労をとり除くストレッチが大切です。また運動前に行っても、筋肉の温度を高めて動きをよくしますので効果があります。

上半身のストレッチ

【肩のストレッチ】（10回）

1 床に手（肩幅より広め）とひざをついて、四つんばいの体勢をとる。

2 ひじを曲げて、顔が床につく直前まで近づけて、5秒間静止する。

ひじを曲げるとき、左右の肩を近づけるように意識すると、肩甲骨の可動域が広がる。

【背筋のストレッチ】（10回）

1 床に手とひざをついて、四つんばいの体勢をとる。

2 背中を思い切り丸めるように上げて5秒間止まる。

猫が背中を丸めるイメージで、背筋を思い切り伸ばして背筋の働きをよくしよう。

肩をほぐすことで遠心力も高まる

上半身で最も必要な力は背筋ですが、肩にも飛ばしに必要な役割があります。スイング中にはクラブヘッドに遠心力が働きますが、その遠心力に大きな役割を果たすのが、肩です。肩のストレッチをすることで、肩回りの筋肉がほぐれ、肩甲骨の可動域も広がりますので、クラブの動きがさらに加速されヘッドに働く遠心力も大きくなるのです。

第4章

最大効率 サイコースイングで ゴルファーの悩み解消 Q&A

サイコースイングの目線で、ゴルファーの悩みや迷いについて的確にアドバイス！

YouTube「DaichiゴルフTV」解説動画

P160 「飛ばそうとすると〜」

最初から頭を右に移動して、テイクバックしたときに、それ以上右にいかないような右の壁を作る形を解説。

P162 「腕の力の抜き加減がわかりません」

どうしても右手に力が入ってしまうという人のために、右手の力を使えなくするクローグリップにして練習する方法を解説。

P165 「ドライバーで〜」

右と左の体重比が大体6対4になる右体重で構え、ボールに対しては右側面が見えるような頭の位置の目線が正しいことを解説。

P176 「スイング時、歯は食いしばったほうが飛ぶ？」

YouTube「DaichiゴルフTV」で実際に検証した結果を報告。その結果は？ 「DaichiゴルフTV」を見てのお楽しみです！

飛ばそうとすると、動いてはいけない頭がテイクバックで右に動いてしまいます

頭が右に動くということは、それだけ右にいってしまうような不安定なアドレスになっているということです。

それなら**最初から頭を右に動かして、それ以上右に行かないようなアドレスを作ってください。**

ドライバーに関しては右と左の体重比率が大体6：4の右体重になりますから、頭も右寄りでかまいません。

そして、**アドレスでは下半身の右のお尻の筋肉と、右太腿裏のハムストリングに少し張りを感じるような体勢をとり、バックスイングでそれ以上右に行かないような右の壁を作る**のです。

すると身体も右に流れない、安定したテイクバックになります。

答え

最初から頭を右に動かして、それ以上右に行かないようなアドレスを作る

飛ばし屋がインパクトで身体を伸びあがるようにしているが、真似たほうがいい？

インパクトでは全身の力が、ボールをめがけて下向きに働きます。このときに足の裏の重心は、右足は土踏まずから親指つま先へ、左足は親指つま先から土踏まず後方へと移動しながら、地面をける動きが起こります。

すると、けった力の反動で上半身が伸びあがるようになるのです。つまり、自分から上半身を伸ばしているのではなく、足に効率よく力が伝わり**左足の力でインパクトの力を受け止めたことに対する地面からの反力で伸びあがっている**わけです。

これは本書の足の使い方をマスターすれば、意図的に行うことも可能ですが**意識しすぎて打つ前に伸びあがらないように注意してください。伸びあがるのは足の力を使ったインパクトのあとなのです。**

答え

インパクトの力が足に伝わり、地面からの反力を受けて、自然と伸びあがる。自ら伸ばすのは×

腕の力の抜き加減がわかりません

まず試して欲しいドリルとしては、**クラブを身体の正面で持ち上げてヘッドが顔の高さにくるようにしたあと、身体にグッと力を入れます。そのあとにストンと肩の力だけを抜いてみましょう。**するとヘッドの重さでシャフトが水平に倒れてきますが、そのときクラブを持つための力を最低限にして支えます。

その状態で身体を左右に揺さぶってみましょう。

腕に力が入ると手首もロックされてしまいますので、腕の動きに対してヘッドの左右への運動量が多くなるような手首の状態になればＯＫです。

クローグリップ

右手の甲を上にして、親指と人差し指でカニのはさみのようにグリップを軽く挟む。

力の抜き方はいろいろありますが、特に肩に力が入ったままだと抜けません。

力を一度入れてみて、そこから力を抜く。そこでクラブを落とさない力加減が目安です。

また、どうしても右手に力が入ってしまうという人には、右手を握らない**クローグリップ**を練習ドリルとして試してみる方法もあります。

クローはカニのはさみという意味などもあり、**左手は通常のグリップのまま右手の甲を上にして、親指と人差し指だけでカニのはさみのようにグリップを軽く挟む**のです。

この状態では、右手はグリップに添えているだけでクラブを握ったりできませんから、力が使えません。

しかし、トップでは右手でしっかりグリップを受け止めることができるためオーバースイングにもならず、切り返しからのスイングもできるのです。

つまり右手の力はなくても添えるだけでスイングは可能なのです。

答え

初めに身体にグッと力を入れてからストンと肩の力だけを抜いてみる。クローグリップも試そう

飛ばしのスタンスは広くとり、下半身をがっちり固める？

固めるという表現だと横にも前後にも動かさないことになります。

確かに下半身を安定させることは大切なのですが、動かさないとなると、今度は上半身が伸びあがるスイングになる可能性があります。

つまり、下半身は固めるのではなく、横への動きを抑えながら、足や腰による回転を上半身に効率よく伝えることが大切なのです。

このとき、スタンスが広いとパワーは出ますが、下半身との連動がうまくいかず、正しい捻じれができないと身体が横移動することになり、その結果右肩が下がってダフることにもつながります。

まずは**スタンスを狭くして、下半身を回転させる**ことから覚えましょう。

答え

スタンスを狭くして、横への動きを抑えながら、下半身を回転させる

ドライバーでスタンスをとったとき、目線はどこを見るの？

アマチュアの方は、ボールを上から漠然と見ていることが多いように思います。

するとドライバーの場合は、ボールの位置が左足かかと線上にありますので、重心が左に傾いてしまう。するとクラブが上から入りやすくなり、吹き上がるボールが出やすくなります。

また、ティーアップしているボールを打つためには、クラブが少し下からアッパーに入るようにアドレスすることが大事です。

そこで、**右と左の体重比率が大体６：４になるような右体重での構えがドライバーの正しいアドレス**になります。

その場合、頭も少し右寄りになりますので、ボールに対しては**右側面が見えるような頭の位置での目線が正しい**ものとなります。

答え

右体重の構えで、ボールの右側面が見えるような頭の位置での目線が正しい

質問 6

飛ばせる構えってあるの？

これは大いにあります。

例えば、重量挙げでも10kgのバーベルを挙げる人の構えと、100kgのバーベルを挙げる人の構えは、全身の力の入り具合からみても明らかに違います。また、100m走にしても、スタートでいち早くダッシュを決めたいと思えば、「ヨーイ！」のときの構えで、いつでも飛び出せるようにパワーを溜めて、筋肉に大きな負荷をかけておくことが重要です。

ゴルフのアドレスも同じです。ただ立っているだけでは力は蓄えられません。飛ばしのアドレスには、**両足が地面に根を張るような踏ん張りと、足の外側にテントをピンと張るような力をかけておく**ことが大切なのです。

答え

両足に根が張ったような踏ん張りと、足の外側へピンと張ったような構えが飛ばせる構え

ドライバーとアイアンでは、打ち方やボールの位置を変えるの？

打ち方については、**飛行機の離陸と着陸のような違い**があります。

ドライバーはティーアップしているボールを打つので、下からアッパー気味に打たないとボールが上がりませんので、**飛行機が離陸していくほうの打ち方**です。

アイアンは、地面の上にあるボールを打つので、基本的には最下点の手前もしくは最下点で捉えることが基本になりますから、着陸する打ち方になります。

ボールの位置は、ドライバーは**左足かかと内側の線上**で、アイアンは番手が短くなるにつれ身体の真ん中やや左まで内側に移動します。

このとき**左手のグリップは、どのクラブでも同じように左足つけ根内側に向くように構えるのが正解**です。

答え

クラブによって打ち方やボールの位置に違いがあり。ただし、左手のグリップは同じ構え

体重移動は大きくしたほうが飛ばせる？

まず、体重移動のメカニズムについて確認しましょう。

頭と身体が一緒に左右に動くことは、横への移動であって体重移動ではありません。**地面に対して、左右に身体が動いたとき頭の位置が同じ位置に残り、動いたほうにしっかり体重が乗ることが体重移動**です。

そして、テイクバックでは右への体重移動の動きをしっかりと受け止めるためにできるのが右の壁、同じようにインパクトでは左への動きをしっかり受け止めるためにできるのが左の壁です。

このメカニズムを理解したうえで体重移動を考えると、壁にぶつかる体重が大きいほど蓄えられる力も大きくなりますから、**体重移動は大きいほど飛ぶ**ことになります。そして、この壁は下半身の力が主体です。まずは強い壁が作れるように下半身の使い方を習得しましょう。

答え

体重移動は大きいほうが飛ぶが、その分だけ左右の壁を強化できないと効率を落とす可能性も

飛ばすために必要とされる遠心力を体感する方法は？

ゴルフでいうと、スイング中に手がクラブに引っ張られているような感じを受けたことはありませんか。

これが遠心力が働いている状態です。

遠心力は先端が軽くて短いものより、先端が重くて長いものを振るほうが体感しやすくなります。

遠心力を利用した陸上競技のハンマー投げを見ると、よりわかりやすいでしょう。

中心の動きが小さいほど、引っ張り返す力が強く大きくなります。ですから、スイングでは身体から手が離れ、引っ張る力が弱くなるほど遠心力は小さくなり、**手が身体の近くにあって、引っ張る力が強くなるほど遠心力は大きくなり、**ヘッドスピードも増す**というわけです。

答え

先端が重いクラブを持ち、手が身体の近くに引きつけられるスイングをするとわかりやすい

質問 10

練習のたびに指が痛くなる、何が悪い？

スイングでひとつの課題が見つかったとき、その課題に取り組むことに一生懸命になり、ひたすら打ち込み続けている人を多く見かけます。

つまり、**一度クラブを握ったら離さない**のです。

これまでレッスンを受けておられない方は、この傾向が顕著に見られます。ですから指が痛くなって当然です。

そこで、**打ったあとは一度両手をグリップから離して、握り直す**ようにしてください。

打ったあとというのは、どんなに軽く握っていても力が入っているので、そのまま打つと手は固まる一方です。

ある程度打ち込みが済んだら指先を解放して、一度呼吸を整えることで力がリセットされるのです。

答え

指が痛くならないように、打ったあとはグリップから手を離して握り直す

よくいわれる「右手を使うな」ってどういうこと？

右手を使いたくて使っている人は少ないと思いますが、下半身の回転がうまくいかず、左手でのクラブリードができない場合は、右手で打つしかありません。

そして右手で振った結果、力が入るためコックが早めにほどけてアーリーリリースになったり、手が身体から離れてボールにうまく当たらなかったりと、さまざまなミスが出てきます。

というのも、ゴルフのスイングでは左手は押す、右手は引くことでクラブの力のバランスを保つのですが、**右手を使うとクラブを押し込むことになってバランスが崩れるため、飛距離も精度も落ちる**のです。

ですから、まず**左手を使えるように下半身を動かして、右手は引くことでスイング軌道を安定させるサポート役**に徹底させましょう。

答え

右手を使うとクラブを押し込んで不安定になる。右手は軌道を安定させる左手のサポート役

クラブと腕と身体の一体感を得るにはどうすればいい？

クラブを持たない場合だと、まず両手でグリップの形を作り、そのまま腕をお腹の前あたりに伸ばします。

つまり、**肩と両腕で三角形の形を作る**のです。このときに**肩が上がってくるような形にならない**ように注意しましょう。

そして両脇を軽く締めて、手を動かしてみましょう。**脇の下に力が入っていれば、肩を動かすと腕もスムーズに動く**状態になるので、ここに腕と身体に一体感が生まれるのです。

クラブを持った状態だと、身体の正面でシャフトと地面が平行になる位置で止め、一度力を入れたあとに肩の力を抜きます。

そのときにクラブを支えられるくらいの最小限の腕の力によって、クラブと身体との一体感が保たれるのです。

答え

脇を軽く締めた状態の肩と両腕の三角形を保つことで一体感が生まれやすい

飛ばしを意識して振っていたら腰が痛くなった。どこが悪い?

腰を痛めるメカニズムというのは、**下半身が正しく使えていないこと**が大きな原因のひとつです。

例えば、下半身が回らないことで、インパクトの大きな力を腰だけで受け止めてしまっている場合や、左への体重移動ができなくて〝明治の大砲〟のような後ろによろける悪いスイングをすると腰を痛めてしまいます。

ほかにも、上半身の力だけで振ると、背中と腰でパワーを受け止めることになりますから、身体へのダメージが大きいのです。

それに対して、**腰が先に回るという足の使い方ができれば、インパクトの力は足やクラブにも伝わって分散して逃げていきますから、**腰だけに大きな負担はかからず、怪我が少ないのです。

答え

下半身リードで、腰が先に回るという正しい足の使い方をすると、腰への負担が軽くなる

ドライバーのバックスピン量が多いのはなぜですか？

ドライバーのバックスピン量が多いということは、**クラブが合っていない場合と、打ち方による場合**があります。

クラブに関しては、ゴルフショップなどで診断してもらうしかありませんが、打ち方が悪くてスピン量が多くなることもあります。**ドライバーの適正なスピン量は毎分2000〜3000回転くらい**といわれていますが、スピン量が多いと吹き上がるボールになって飛びません。

一般的な原因としては、上から打ち込むようにしてクラブが入ると、ボールに対しても上からフェースが被って入るのでこすり球になり、スピン量が多くなるのです。

また、**ティーアップしたボールの位置が内側すぎると**、同じように上から打つことになりますので、位置にも気をつけましょう。

答え

ボールを上から打ち込んだり、ティーアップしたボールの位置が内側すぎることが原因

練習動画はどの角度から撮ればいい？

私もYouTubeチャンネル「Da·i·ch·h·iゴルフTV」で動画配信するとき、皆さんに見てもらうためにはどの角度から、どのように撮ればいいかを考えましたが、基本はやはり**正面と後方からの角度**でいいと思います。

まず、正面の動画のチェックポイントは、**軸の傾きとスイング中の軸の移動**です。

つまり、頭が残ったインパクトができているか、身体が横にスライドしていないかを注意してください。

後方からのチェックポイントは、**上下動とスイング軌道です。**身体が起き上がらず前傾姿勢が保たれているか、下りてきた両手が身体の近くを通っているか、この2点を注意しましょう。

答え

正面と後方からの撮影。正面からは軸の傾きとスイング中の軸の移動、後方からは上下動とスイング軌道をチェックする

スイング時、歯は食いしばったほうが飛ぶ？

これについては私が配信している「Daichiゴルフ TV」の中で、どちらが飛ぶか実際に検証しました。

その結果、**食いしばったほうが飛ぶ**という結論が出ました！

ただし、歯科医の目から見ると、正しいあごの位置の人、きれいな歯並びの方にとってはとても有効な手段ですが、あごが弱い人、歯並びがよくない人、入れ歯の人には負担が大きいので、よくないとのご意見もいただきました。

ここ一発、会社や取引先とのコンペで行うドラコン大会で、歯を食いしばってでも飛ばしたいときは、マウスピースをつけて矯正して歯への負担を少なくして臨むと飛びます。

ただし、公式ルールでマウスピースは違反なので、ご注意を。

答え

歯は食いしばったほうが飛ぶ！ しかし、歯への負担が大きいのでご注意を

インパクトで顔を上げないようにするには？

インパクト時、下半身の力で正しく腰の回転ができていれば、前傾姿勢が保たれたまま顔は下を向き、手は最下点の位置にあり、肩は目標線に対してスクエアか、約15度左向き（やや開き気味）で、お腹は10時方向を指すような形になります。

しかし、**下半身の力が使えずにトップから上半身の力でボールを打ちにいく**と、手が高い位置にあるのでボールに届くように反射的に伸びあがって顔も一緒に上を向いたり、右肩が下がってあおり打ちになることで顔が上がったりするのです。

まずは本書で下半身から回転を学び、**足の力と腹筋を使って、前傾姿勢を保つ**ようにしましょう。

答え

顔を残す意識は大切だがなぜ残るのか？ どうやって残るかが重要。最終的に意識しなくてもよい

向かい風のときに飛距離を出すにはどうする?

バックスピン量が少ないと向かい風に対しての強いボールになりますので、スピン量を減らすための効率のいい打ち方を選択することになります。

ベーシックな考え方としては、**ティーアップの位置を低くして低い球を打つ**ことになります。

このティーアップの低さについては、それぞれのスイングによって違ってきます。そのため、コースで急に試すのはリスクもありますので、**前もって練習場でいろいろな高さを試しておく**ことが大切です。

その際、ティーアップの高さが低くなるほど、身体の軸の右への傾きも少なくなることを覚えておいてください。

答え

ティーアップを低くして低い球を打つのが理想。日頃から練習場で高さを変えて打つ練習もしよう

クラブを腕の力で上げないようにするには？

まずクラブを持つとき、左右の手の役割の違いを確認しましょう。

クラブは、両手で持ち上げて動かすのではなく、左手は押す、右手は引くという動作で動かします。

スイング中もこの動きが働いています。

テイクバックでクラブを上げるときも同じです。

アドレスをとり、**左手を下に押し込むと右手の指が支点になって、てこの原理でクラブヘッドが簡単にスッと上がる**のです。

このとき手を下に押し込むことで重心も下がりますから、前傾姿勢を保ったまま、下半身の回転運動とともにスムーズにバックスイングに入れるのです。

答え

グリップを持ったアドレスから、左手を下に押し込むとてこの原理でクラブは楽に上がる

質問20 練習場でのドライバーの効率的な練習法は？

やはり、**練習スイングをビデオカメラやスマートフォンのカメラで撮影して、まずはスイング軌道の動きを自分で見て、チェックすることが一番大切**です。

スイング軌道が間違っていると、どれだけ練習しても非効率のままですから上達は難しくなります。

もしできていない部分がわかれば、そこを矯正するドリルに取り組めますし、その成果も確認できます。

特にドライバーは、**1球打つごとにグリップを緩めて仕切り直し、呼吸を整えて、身体に余計な力が入らない状態で打つ**ことが重要です。

連続して打つと呼吸も速くなり、力みがちになるので練習効率も落ちます。普段の練習場のときから、気をつけましょう。

答え

1球打つごとにグリップを緩めて仕切り直し、呼吸を整えて、身体の余計な力を抜く

サイコー（最大効率）スイングをマスターすると、どのくらいまで伸びるのでしょうか？

例えば、ヘッドスピードが45m／sとすると、通常アマチュアの方はスイートスポットに当たる回数は多くはないはずですから、平均すると220ヤード前後の飛距離だと思います。

私の場合は、ヘッドスピードは最大50m／sで、**最大効率で当たった場合の飛距離は300ヤードを超えます。**このことからも、私が考える飛距離計算では、**ヘッドスピードの×6という数字がサイコースイングにおける最大効率での飛距離**ということになります。

ですから、飛ばし屋といわれ始める250ヤード以上を飛ばすためには、ヘッドスピードが42～43m／sあればいいのです。これは一般男性の平均ヘッドスピードといわれています。平均飛距離が210～220ヤードになる原因は、やはり効率や精度が課題ということですね。

答え

サイコースイングをマスターして、ヘッドスピードを50m／sに近づけて、280ヤード飛ばそう！

✚ 大地プロのタイプ別処方箋

❶腕力の弱い人

筋力がなくて飛ばしたいと思うと、どうしても焦って手だけ使って速く振るというスイングに陥りがちになります。そこでまず、飛ばすための筋力について考えを改めましょう。

私も腕力はありません。女性に腕相撲で負けたこともあります。

でも、３００ヤード飛ばせるのです。

私が薦めるサイコースイングで必要なのは足の筋肉の力です。足の筋肉は、毎日皆さんの体重を支えているわけですから、腕の筋力などに比べてはるかに大きい力を秘めているのです。

このあまり普段意識することのない**お尻の筋肉や、太腿裏のハムストリングを上手に使うこと**から始めましょう。

そしてスイングが小さくならないように、オーバースイングでもいいですからクラブの運動量を増やすために大きく身体を動かしたり、ひねったりして筋肉を伸ばし、クラブをゆっくり振る練習をまず心がけるのです。

それには、本書で紹介している**8の字全身ドリル（Ｐ１４８）を試してみるのが効果的**です。このドリルを実践して足の大きな筋肉のパワーを感じとりましょう。

診断

8の字全身ドリルで足の大きな筋肉のパワーを使うことを学ぼう

❷体格がいいのに飛ばない人

これは間違いなく、**スイング軌道に問題**があります。

体格がいいということはある程度筋力があり、腕の力も強いはずですので、皆さん力で飛ばそうとするのです。

私は身長１７０cm、体重62kgですからゴルファーとしては小柄な部類ですし、教えているレッスン生もみんな私より体格が格段によい。

しかも、腕の力だけで振っているのに２５０ヤードは飛んでいます。その腕力に甘んじて下半身の力が使えていないので、手が身体から離れ、スイング軌道もアウトサイドインになり、持っているはずの大きい力が発揮できないでいるのです。

しかし私が小さい身体で300ヤード飛ばすものですから、負けるはずはないとますます腕の力に頼り、スイングがバラバラになるという出口の見えない迷路に入り込んでしまうわけです。

そんな場合は、**腕の力に頼っていた自分のスイングを忘れて、もう一度一から下半身を使ったスイング改造**にとりかかり、スイング効率を上げる練習を積み重ねていくことをお薦めします。

診断

効率のよいスイングを習得すると腕の力はさらに上乗せできる要素に！

❸スライス癖が強い人

スライス癖が強い人は**手の動きに間違い**があります。

一番多い間違いは、**バックスイングから切り返したあと手がすぐ前に出る**という動きです。本書でも何度も説明していますが、手が前に出るとクラブは上から下りてくることになるのでアウトサイドインのスイング軌道になり、ボールはスライスになってしまいます。

この場合は**手を前に出すのではなく、下に落とすような動きをする**ことがポイントなのですが、これには前もって下半身の力を使った腰の回転の動きができていることが前提になります。理由は、腰の回転により右脇腹あたりにスペースが生まれ、そのスペースを使って手を下に落とすからです。すると手が下に落ちることによりクラブヘッドが背中から前に出て、インサイドアウトのスイング軌道が生まれるのです。

また、スライス癖が強い人は右手が強い方が多いので、右手でクラブをつかんでしまった時点で右手が主役のスライススイングになってしまいます。

スイングのリードは左手で、右手はあくまでサポート役です。**右手のグリップは、薬指と中指の2本の指で軽くひっかけているだけの状態でスイング**してください。

診断

左手が主役で右手はサポート役。スイング中に右手に力を込めない

❹フック癖が強い人

フック癖が強い人は**インサイドからクラブが入りすぎているため**、ボールに強い左回転がかかっているケースが多いように思います。中には腰が回らないために手を返してボールを打とうとしてフックが出る場合もあります。また、フックよりさらに左に極端に曲がるチーピンも原理は同じですが、トップで右手の手首が甲側に折れてクラブが後ろから寝て入ったり、右肩が落ちてクラブが極端に下から入ることが原因です。

こういったフックスイングの人は腰の回転が使えませんから、お腹が上を向くようなあおり打ちになることもしばしばあります。腰が正しく回転するとお腹は上を向かず、下を向いたままで力を下向きに働かせるように動きますので、クラブが寝て入ったり、極端に下から入ることはありません。フック癖を直すには、**お腹を下向きにしたままのスイング**を心がけましょう。もし突然コースなどでフックがひどくなるようでしたら、ティーアップを低くして、ボールをやや内側にセットするのも処方箋としては効果的です。

診断

お腹を下向きにしたままのスイングを心がける

❺身長が低い人

ドライバーはシャフトが長ければ飛ぶ可能性は高いのですが、その分ミート率が下がって逆に飛距離が落ちる可能性もあります。

その意味では、**自分の身長に合った長さのシャフトのほうがミート率もアップして、安心して振りきれるので飛距離が出る**という方もいらっしゃいます。

私も身長170cmですから、長いドライバーは振りづらいので、シャフトの長さは通常より0・5～1インチ短い44・5インチにしています。

私にとってはこのほうがボールがしっかりと捉えられ、ミート率も高く、安定した飛距離が出せるので、身長が低い人にとって**シャフトの長さを調整することは、飛距離アップへの重要な要素**のひとつだと思います。

例えば、シャフトの長さを調整するとき、クラブを短く持って振るのがいいのか、短く切ったほうがいいのかは振りやすさで決めてもいいのですが、短く持つのと、短く切るのではグリップの太さが変わります。

短く持つとグリップの先の細い方を握ることになります。短く切った場合は、グリップの太い部分を握ることになります。

どちらのほうが自分の手にしっくりくるのか、そこは好みの問題にもなりますが、グリップの太さが変わってくるということだけは覚えておいてください。

診断

シャフトの長さを調整することは、飛距離アップへの重要な要素

❻中年太りで身体が硬い人

自分は身体が硬いと思っているゴルファーの方は多いと思います。

そして、身体を回すことなく楽な横移動だけでスイングしていると、ますます硬さが増すことになります。確かに身体が柔らかい若い人と比べると可動域は小さくなっているかもしれません。でも足をひねったり、腰を回したりする動作はまだまだできるはずです。

例えば、バックスイングのときに肩が回らないので、肩を無理やり入れようとしても肩は入っていきません。

肩が入りづらいと思ったときは、一度肩の力を抜き自分の腕とかクラブの重さも利用して腰を揺さぶると、それに引っ張られるようにして肩も動いてくるはずです。

その腕やクラブや腰を動かしている力は足からの力です。反対に、足を固めると腰も動かないので回転ができなくなり、肩も回らなくなります。**たとえお腹が出っ張っていても、足から正しく回転すれば腰と上半身もスムーズに回転する**のです。

身体が硬くて動かなくなったと感じたときこそ、下半身の力を使ったスイングに切り替えましょう。

診断

身体が硬いと感じたときは下半身の力を使ったスイングに切り替える

おわりに

この本を最後まで読んでくださり、誠にありがとうございました。

私が自信を持って提唱する最大効率スイング理論は、老若男女を問わず、自分の持っている最大限の能力を発揮するための理論です。これはレッスン活動を続けてきた中で培われた経験と、実際にレッスン生が上達にいたった成功事例、そして何よりそれを実践して自分自身のゴルフ上達に結びつけたという結果と自信があるからこそ、このような形で情報発信をさせていただきました。

私は皆さんがゴルフ上達を目指すうえで、より効率よくステップアップしていくための意識として、このような情報、知識を知ったとき、あえて多くの疑問を持って欲しいと思っています。作り手側としてはわかりやすく解説をしているのですが、受け取り方を間違ってしまうと上達が遠回りになることもあります。また自分の知っている情報と照らし合わせたとき、無意識に「そんなの間違っている」「意味がわからない」という感情になり拒絶してしまうこともあります。どちらにしても、なぜそうするのか、どうしてそうなるのか少しでも疑問に思ったら、それをぜひ私やレッスンプロにぶつけてみて欲しいのです。

そこでご自身が納得のいく説明、解説ができるプロが皆さんにとって、ついていくべきレッスンプロというひとつの証しになります。

なぜこういうかというと、結局のところ自分一人で正しい練習を行い、上達することが想像以上に難しいのを知って欲しいからです。本書も含めて、理論や考え方をとり入れることはまず上達への第一歩であり、当然ながら「知ったから上達する」わけではありません。ここからの取り組みが重要で、多くの方は他者にチェックをしてもらうことで気づくことが多くあります。一人で多くの練習時間とボール代を費やすよりも、レッスンプロに習うほうが自分の目指すレベルに上達するのが早くて、経済的にも安く済む可能性も大きいのです……。レッスンプロの宣伝みたいになってしまいましたが、自分では気づけないことがあることを知っていただきたいのです。

そんな私の一番の願いは、皆さんのゴルフが上達し、さらにゴルフをエンジョイしてもらうことです。上達の方法はいろいろありますが、私は書籍や動画配信を通して、ゴルフがさらに楽しくなるような活動を、これからも行って参りたいと思います。

レッスンプロ　菅原大地

著者
菅原大地（すがわらだいち）
プルーフコーポレーション所属

1989年生まれ、神奈川県横浜市出身。高校卒業後、19歳からプロを目指してゴルフを始める。練習生として、太平洋クラブ御殿場コースに1年半所属。その後ハンズゴルフクラブへ就職して、ゴルフ歴4年でティーチングプロ試験に合格。24歳でPGA（日本プロゴルフ協会）資格を取得し、レッスンプロとしてのキャリアをスタート。4年間で指導したレッスン生は延べ1万人以上となり、人気No.1のレッスンプロに。2019年2月に開始した自身のYouTubeチャンネル「Daichiゴルフ TV」は1年半で登録者数20万人以上となる。

STAFF
◎構成 田中宏幸 ◎本文デザイン 工藤政太郎 ◎イラスト 浅田愛
◎撮影 小林靖 ◎編集協力 株式会社ナイスク（http://naisg.com）
◎校正 株式会社聚珍社 ◎協力 株式会社プルーフコーポレーション
◎撮影協力 千葉国際カントリークラブ【PGM】

ゴルフ 誰でも280ヤード！ サイコースイング

著　者　菅原大地
発行者　池田士文
印刷所　株式会社光邦
製本所　株式会社光邦
発行所　株式会社池田書店
〒162-0851
東京都新宿区弁天町43番地
電話 03-3267-6821（代表）
振替 00120-9-60072
落丁・乱丁はおとりかえいたします。

ISBN978-4-262-16606-3

20000009